Der Mann Moses und die monotheistische Religion

Sigmund Freud

인간 모세와 유일신교

초판 1쇄 인쇄 2016년 10월 11일
초판 1쇄 발행 2016년 10월 18일

지은이 | 지크문트 프로이트
옮긴이 | 이은자
발행인 | 신현부

발행처 | 부북스
주소 | 04601 서울시 중구 동호로17길 256-15 (신당동)
전화 | 02-2235-6041
팩스 | 02-2253-6042
이메일 | boobooks@naver.com

ISBN   979-11-86990-47-2 04180

이 도서의 국립중앙도서관 출판예정도서목록(CIP)은 서지정보유통지원시스템
홈페이지(http://seoji.nl.go.kr)와 국가자료공동목록시스템(http://www.nl.go.kr/
kolisnet)에서 이용하실 수 있습니다.(CIP제어번호: CIP2016023383)

부클래식

064

———

인간 모세와 유일신교

지크문트 프로이트

이은자 옮김

_____ 일러두기

1. 이 책의 번역 대본: Sigmund Freud: *Der Mann Moses und die monotheistische Religion*, Schriften über die Religion, Fischer Taschenbuch Verlag 1981

2. 주석: 번역자가 단 주석은 각주 뒤에 '옮긴이'라고 표기했고, 원주는 별도 표시 없이 각주 처리했다.

차례

I. 이집트인 모세

I. 이집트인 모세

한 민족이 가장 위대한 인물로 숭상하는 사람을 그 민족에 속한 사람이 아니라고 문제시하는 것은 함부로, 가볍게 할 수 있는 행위는 아니다. 특히 본인 스스로가 그 민족에 속한다면 더욱 그렇다. 그렇지만 여기서는 이른바 민족의 이익이라는 미명하에 진실을 도외시하는 일은 없을 것이다. 더구나 명백한 사실 규명은 문제를 깊이 통찰하는 데도 도움을 줄 것이다.

유대 민족의 해방자이자 율법 제정자이며 유대교의 창시자인 인물 모세는 아득한 시대의 사람이기 때문에 그가 역사적 실존 인물인지 아니면 전설 속의 인물인지, 먼저 이 질문을 비켜 갈 순 없다. 그가 실존 인물이었다면 대략 기원전 13세기, 아니면 14세기쯤이었을 것이다. 그에 관한 우리의 지식은 모두 다 성서와 유대인의 전승 기록에 나오는 내용들이다. 최종적인 역사적 확신이 결여된 결정일 수밖에 없는데도 역사학자들 대다수는 모세가 실존 인물이고 그와 연관된 출애굽[1]도 실제 일어난 사건이라고 한다. 이 전제를 인정하지 않으면 그 뒤의 이스라엘 역사를 이해할 수 없다는 점에서 이들의 주장에 일리는 있다. 오늘날의 학문은 전반적으로 신중한 모습을 보이고 있고 역사 비평에서도 전승 기록을 초기 때보다 훨씬 더 조심스럽게 다루는 편이다.

모세 개인에 대한 우리의 첫 번째 관심사는 모쉐(Mosche, Mosheh)라는 히브리어 이름이다. 우리는 이렇게 질문할 수 있다. '이 이름의 어원은 무엇인가? 무슨 뜻인가?' 알다시피 이에 대한 대답은 '출애굽기' 제2장에 기록되어있다. 기록에 의하면 나일 강에 버려진 사내아기를 구한 이집트 공주가 어원학적으로 설명하면서 이름을 지어준다. '이는 내가 그를 물에서 건져내었음이라 하였더라.' 그런데 이 설명은 아무래도 미흡하다. 어떤 학자는 《유대어 사전》[2]에서 이렇게 평한다. "모세 이름이 '물에서 건져진 자'를 뜻한다는 성서의 해석은 민속어원학적 관점에서의 해석으로 능동태로 이루어진 히브리어와 조화시킬 수 없다. ('모쉐'는 잘해야 '끌어내는 자'를 의미한다.)" 이 이견을 뒷받침하는 근거는 두 가지 더 있다. 첫째로 이집트의 공주가 히브리어에서 파생된 이름을 지었다는 자체가 불합리하고, 둘째로 아이를 건져냈다는 강

---

1 이집트에서 노예로 살던 이스라엘 민족이 모세의 인도로 해방되어 나온 일. 옮긴이

2 《유대어 사전》: 헤어리츠와 키르쉬너에 의해 편찬됨. Bd. IV, 1930, 유대 출판사, 베를린

이 나일 강이 아닐 가능성이 크다는 점이다.

반대로 모세라는 이름이 이집트어 어휘에서 유래할 거라는 주장이 여러 학자층에서 오래전부터 제기돼왔다. 나는 이러한 견해를 밝힌 학자들을 일일이 열거하지는 않겠다. 대신 권위 있는 책으로 높이 평가받고 있는《이집트 역사(History of Egypt)》의 저자 J. H. 브레스티드(Breasted)의 최근 저서[3]에 나오는 관련 구절을 인용하고자 한다. "흥미로운 것은 그의(이 지도자의) 이름, 모세가 이집트어라는 사실이다. 이집트 단어 '모세(mose)'는 단순히 '아이'를 뜻하며 아멘-모세(Amen-mose)나 프타흐-모세(Ptah-mose) 같은 보다 긴 이름의 줄임말이다. 아멘-모세는 아몬-아이를 프타흐-모세는 프타흐-아이를 뜻하는데, 이것들 역시 다음 문장의 줄임말이다. '아몬(께서) 아이(를 주셨다)'. '프타흐(께서) 아이(를 주셨다)'. '아이'는 곧 장황한 전체 이름보다 부르기 쉬운 대용 이름이 되었다. '모세'라는 이름은 이집트 기념물에서 종종 볼 수 있다. 모세의 아버지는 아들에게 프타흐나 아몬이 들어가는 이집트 신의 이름을 지어주었지만 일상생활에서 신의 이름은 점차 떨어져 나가고 사내아이는 그냥 '모세'라고 불렸을 것이 틀림없다. (모세의 이름 끝에 붙은 's'는 구약성서가 그리스어로 번역되면서 생긴 것으로 히브리어가 아니다. 히브리어로는 '모쉐(Mosche)'이다.)" 나는 이 부분을 글자 그대로 번역했고 세부 내용까지 책임질 생각은 전혀 없다. 약간 이상하게 생각되는 것은 브레스티드가 이름을 열거

---

3 《양심의 새벽(The Dawn of Conscience)》, 런던 1934, 350쪽

하면서 정작 아-모세(Ah-mose), 투트-모세(Thut-mose(Tothmes)), 라-모세(Ra-mose(Ramses)) 같은 이집트 왕들 명단 속의, 신의 이름이 들어간 유사 이름들은 간과한 점이다.

그렇다면 모세라는 이름이 이집트 이름임을 알게 된 많은 이들 가운데 모세가 이집트 이름을 가졌으니 이집트인이었을 거라고 단정하는 이도 있었을 거고, 아니면 적어도 그럴 가능성에 대해 숙고한 이도 분명 있었을 것이다. 오늘날에는 한 개인의 이름이 하나가 아닌 두 개의 이름, 즉 성과 이름으로 되어있고 실제로 개명한다든지 혹은 상황에 맞게 이름을 짓는 경우도 있다. 그런데 그럼에도 불구하고 우리는 서슴없이 이름을 근거로 결론을 끌어낸다. 시인 샤미소⁴가 프랑스 출신이고 나폴레옹 보나파르트(Napoleon Buonaparte)는 이탈리아계이며 벤저민 디즈레일리(Benjamin Disraeli)는 이름에서 예상할 수 있듯 실제 이탈리아계 유대인이라는 사실에 조금도 놀라지 않는다. 사실 이름으로 추론해 어느 민족에 속하는지 판단하는 것은 고대나 원시 시대의 인물일 경우 훨씬 신빙성 높고 이론의 여지가 없는 듯 생각된다. 하지만 내가 알기론 모세에 대해 이렇게 추론한 역사가는 없었다. 또한 브레스티드처럼 모세가 이집트인들의 지혜에 두루 정통한 인물이었으리라는 가설에 동의한 역사가들 중에서도 이러한

---

4   Adelbert von Chamisso, 1781~1838, 프랑스 귀족 출신의 독일 시인,《페터 슐레밀의 기이한 이야기 Peter Schlemihls wundersame Geschichte》의 저자: 옮긴이

추론을 시도한 이는 없었다.[5]

왜 그러했는지, 무엇이 걸림돌이었는지 꼭 집어 말하기는 어렵다. 어쩌면 성서 전승에 대한 경외감을 넘어서지 못해서일 수도 있다. 혹은 인간 모세가 히브리인이 아닌 다른 민족에 속한다는 상상 자체가 너무 허황돼 보였을 수도 있다. 여하튼 분명한점은 이집트 이름임을 인정하는 것이 모세의 출생을 판단하는데 중요하다고 보진 않았다는 점과 더 이상의 어떤 추론도 없었다는 점이다. 이 위대한 인물의 국적 문제가 중요하다고 생각하면, 이 해답에 필요한 새로운 자료를 제시하는 것이 바람직할 것이다.

이 짧은 논문에서 바로 그 일을 시도하고 있다. 이 논문을 잡지《이마고(Imago)》에 게재하는 이유는 내용상 정신분석학을 적용한 논문이기 때문이다. 여기서 얻어낸 논증은 분명 정신분석학적 사고에 익숙한 이들, 그 결과를 존중하는 소수의 독자에게만 깊은 인상을 줄 것이다. 나는 이 논증이 그들에게 의미 있는내용이 되기를 바란다.

1909년 당시 내 영향 아래 있었던 오또 랑크(Otto Rank)는 나의권유로《영웅 탄생의 신화》라는 제목의 책을 출간했다.[6] 이 책은"유력한 문화민족은 대체로 모두 …… 옛날부터 그들의 영웅,

---

5 1. c. 334 쪽. 이름을 근거로 한 입장은 아니었더라도 모세가 이집트인이었을 거란 추측은 이미 오래전부터 종종 거론되곤 했다.

6 《응용심리학에 대한》논문집, 제 5권, Fr. Deuticke, Wien, 이 연구에 독자적인 기여를 한 랑크의 업적을 과소평가하려는 의도는 전혀 없다.

전설적인 왕과 군주, 종교 창시자, 왕조의 창건자, 제국의 창건자, 도시의 창건자, 요컨대 그들 민족의 영웅들을 서사시나 전설을 통해 찬양해온" 사실을 다루고 있다. "특히 이 인물들의 출생과 어린 시절에 관한 이야기를 환상적인 필치로 그려낸다. 서로 다른, 때로는 멀리 떨어져 있는 완전 별개의 민족인데도 각 민족의 이야기는 놀라우리만치 비슷할 뿐만 아니라 부분적으론 문자 그대로 일치하기까지 하는데, 이것은 오래전부터 잘 알려진 현상으로 많은 연구가들의 시선을 끌고 있다." 랑크 식으로, 이를테면 골턴[7] 방법에 따라 이 모든 이야기의 본질적인 특징이 드러나는 "평균 전설"을 구성해보면, 다음과 같은 정형화된 문구가 나온다.

"영웅은 지극히 고귀한 부모의 아이로 대부분 왕자이다.

영웅이 태어나기 전, 부모는 금욕이나 장기간의 불임, 혹은 외부의 금제나 장애로 인해 비밀리 동침하는 고난을 겪는다. 임신 중, 혹은 그전에 출생을 예고하는 꿈이나 예언이 앞서는데 이 예고는 대부분 아버지에게 위험을 경고한다.

따라서 갓 태어난 아이는 대부분 아버지나 아버지를 대리하는 인물에 의해 죽든지 유기되는 운명에 처하게 된다. 아이는 흔히 작은 상자에 담겨 강물에 버려진다.

그러나 아이는 동물이나 비천한 사람(목동)에 의해 목숨을 구하고

---

7   Francis Galton(1822—1911) 영국의 유전학자로 우생학(優生學)의 창시자: 옮긴이

암컷, 혹은 비천한 여인의 젖을 먹고 자란다.

젊은이로 성장한 아이는 파란만장한 모험을 겪은 후에 귀한 신분의 친부모를 다시 찾아내 아버지에게 복수를 하는 한편, 다른 한편으론 사람들로부터 존중받고 부귀영화를 누리게 된다."

출생에 얽힌 이러한 신화적 이야기 속의 가장 오래된 역사적 인물은 바빌로니아의 건국자(기원전 2800년경) 아가데의 사르곤(Sargon von Agade)이다. 사르곤 자신이 쓴 것으로 간주되는 문헌을 여기에 인용하는 것도 우리에겐 흥미로운 일이 아닐 수 없다.

"나는 사르곤, 위대한 왕, 아가데의 왕이로다. 나의 어머니는 여사제였고 아버지는 알지 못하지만 아버지의 형제들은 산속에 살았다. 유프라테스 강변에 있는 도시 아주피라니에서 여사제인 어머니는 나를 임신했다. 어머니는 나를 몰래 낳았다. 어머니는 나를 갈대 바구니에 넣어 역청으로 아귀를 봉한 뒤 강물에 띄워 보냈는데, 강은 나를 집어삼키지 않았다. 강은 나를 아키(Akki), 물 긷는 사람에게 데려다주었다. 자비로운 아키, 물 긷는 사람은 나를 강에서 건져주었다. 아키, 물 긷는 사람은 나를 친아들처럼 키웠다. 아키, 물 긷는 사람은 나를 정원사로 일하게 했다. 정원사로 일하는 동안 여신 이스타르께서 나를 사랑하셔서 나는 왕이 되었고 45년간 통치했다."

아가데의 사르곤으로 시작되는 일련의 영웅들 이야기에서 우리에게 가장 친숙한 이름은 모세, 키로스(Kyros), 로물루스(Romulus)이다. 이외에도 랑크는 서사시나 전설에 등장하는 수많은 영웅 형상들을 나란히 기술했는데, 이들의 어린 시절 이야기는 전체 내용이 그대로 되풀이되거나 아니면 일부 내용이 눈에 띄게 겹치곤 한다. 그중에는 오이디푸스(Ödipus), 카르나(Karna), 파리스(Paris), 텔레포스(Telephos), 페르세우스(Perseus), 헤라클레스(Herakles), 길가메시(Gilgamesch), 암피온(Amphion), 제토스(Zethos) 같은 인물들이 있다.

이런 신화의 근원과 경향에 대해 우리가 알게 된 것은 랑크의 연구 덕분이다. 나는 관련 내용을 간략히 지적하는 정도에서 그치겠다. 영웅은 아버지에게 용감히 저항해 결국 아버지를 이긴 남성이다. 우리의 신화는 이러한 투쟁을 개인의 출생 시점까지 거슬러 올라가면서 추적한다. 아이는 아버지의 뜻에 반해 태어나고 아버지의 흉계에도 불구하고 살아남는다. 아이가 상자에 담겨 유기되는 것은 출산의 상징적 묘사임이 분명하다. 즉 상자는 모태, 물은 양수를 뜻한다. 부모-자식-관계가 물에서 건지거나 구하는 행위로 나타나는 꿈들은 무수히 많다. 한 민족의 상상 속에서 여기에서 주제인 출생 신화를, 한 걸출한 인물에게 접목하는 것은 그 인물을 영웅으로 인정하고, 그가 영웅적 삶의 전형에 부합함을 알리려는 의도에서다. 서사시는 전부 부모, 특히 아버지와의 관계에서 일어나는 감정 변화에 대한 아들의 반응에 원천을 둔, 이른바 아이의 "가족-소설"이다. 유년기 초반에 아이는 아버지를 싱딩히 과대평가한다. 따라서 꿈이나 동화에 나오는 왕과 왕비는 바로 부모를 의미한다. 하지만 훗날 경쟁심과 더불어 현실적인 실망감이 작용하면서 아이는 부모로부터 분리되기 시작하고 아버지에 대해 비판적인 태도를 취하게 된다. 그러니까 신화 속의 두 가정, 즉 고귀한 가정과 비천한 가정은 아이의 눈에 비친 아이 자신이 살아온 가정의 투영된 두 모습이다.

위의 설명으로 영웅의 출생 신화가 동일한 내용의 이야기로 널리 분포해 있는 까닭을 충분히 이해했으리라고 본다. 모세의 출생과 유기에 대한 전설은 특별한 위치를 차지하기에, 다시 말해 본질적으로 상반되는 모습을 보여주기 때문에 더욱 우리의 관심을 끈다.

전설 속 아이의 운명은 두 가정을 오가며 펼쳐지는데, 이 두 가정의 이야기부터 시작해보자. 정신분석적 해석에 따르면 이 두 가정은 시간상으로 분리되었을 뿐 동일한 가정이다. 전설의 전형적인 형태에서 아이가 태어나는 첫 번째 가정은 고귀한 집안으로 대부분 왕가이다. 아이가 성장하는 두 번째 가정은 보잘 것없는 비천한 집안이다. 덧붙이자면 해석의 근원이 되는 상황에 꼭 들어맞는 가정인 셈이다. 그러나 오이디푸스 전설에서 이러한 구분은 모호해진다. 거기서는 한 왕가에서 버린 아이를 다른 왕가의 왕과 왕비가 거둔다. 그런데 바로 오이디푸스 전설의 예시도 이 두 가정이 원래 동일한 가정임을 암시하는데 이것은 우연이 아닐 것이다. 사회적 지위 면에서 보이는 두 가정 간의 극심한 차이는 알다시피 위대한 인물의 영웅적 성격을 부각시키기 위해, 신화에 부차적 기능을 부여한다. 이 대조적 차이는 특히 역사적 인물의 경우에 매우 중요한 의미를 지니며, 또한 영웅의 사회적 지위 상승을 위해 귀족 작위 수여증을 마련하는 데 이용

될 수도 있다. 메디아인들에게[8] 퀴로스(Kyros)는 이방의 정복자이지만 유기 설화를 통해 메디아 왕의 자손으로 등극한다. 로물루스의 경우도 마찬가지다. 로물루스 같은 사람이 실제 있었다면 그는 벼락출세한 떠돌이 모험가에 지나지 않았을 것이다. 하지만 전설을 통해 그는 알바 롱가[9] 왕실의 후예이자 후계자가 되었다.

모세의 경우는 매우 다르다. 첫 번째 가정은 보통 고귀한 집안인데 여기선 보잘것없는 집안에 불과하다. 모세는 유대인의 레위지파 자손이다. 그리고 보통 영웅이 성장하는 두 번째 가정인 비천한 가정은 이집트의 왕실로 대체되고, 공주가 그를 친아들로 삼아 키우게 된다. 전형에서 벗어난 이 이야기는 많은 사람들을 의아하게 만들었다. 마이어(Ed. Meyer)를 비롯한 그 뒤의 학자들은 이 전설이 원래 다른 내용이었을 거로 추정한다. "파라오는 예언의 꿈을 통해[10] 딸의 아들이 자신과 왕국을 위험에 빠뜨릴 거라는 경고를 받는다. 그래서 파라오는 아이가 태어나자 나일 강에 버려버린다. 그러나 아이는 유대인들에 의해 구출되고 그들의 아이로 자란다. 이 전설은 랑크가 표현하듯 "민족적 동기"에서[11] 우리가 알고 있는 형태로 개작되었을 것이다."

---

8   Media: 기원전 8세기에 이란 고원의 서북부에 메디아 인이 세운 왕국: 옮긴이

9   Alba Longa, 이탈리아 라티움 지방의 고대 도시로 전설에 따르면 BC 1152년 경 아이네아스의 아들인 아스카니우스가 건설했다고 하는 가장 오래된 라틴 도시이다.: 옮긴이

10 이것은 플라비우스 요세푸스 Flavius Josephus의 기록에도 언급되어 있다.

11 l.c., 80쪽, 주석

그렇지만 좀 더 생각해보면, 다른 전설들과 다를 게 없는 이러한 모세 전설의 원형이 존재했을 가능성은 없다. 왜냐하면 이 전설의 기원이 이집트인이거나 아니면 유대인이기 때문이다. 전자는 불가능하다. 이집트인들은 모세를 미화할 아무런 동기가 없었다. 모세는 그들의 영웅이 아니었다. 그렇다면 이 전설은 유대 민족에 의해 만들어졌을 것이고 영도자 개인의 모습에 나름대로 형태가 부여됐을 거라는 이야기다. 하지만 그리하기엔 이 전설에는 석연치 않은 구석이 있다. 자신들이 추앙하는 위대한 영도자를 낯선 이방인으로 만들어버리는 전설이 유대 민족에게 무슨 쓸모가 있었겠는가?

오늘날 우리 앞에 놓여있는 모세 전설의 형태로는 비밀스러운 그 의도가 확연히 드러나지 않는다. 모세가 왕의 자손이 아니라면, 전설은 그를 영웅의 자리에 들여앉힐 수 없다. 모세가 유대인의 아이라면 전설은 모세의 신분 상승에 아무 역할도 못 한 셈이 된다. 신화 전체에서 효과를 발휘한 부분은 아이가 가혹한 외부의 폭력에도 불구하고 기어코 살아남는다는 극히 단편적인 이야기에 불과하다. 이러한 특징적 요소는 예수의 어린 시절 이야기에도 반복되는데, 여기선 헤롯왕이 파라오의 역할을 대신한다. 사실 자유롭게 추측해본다면, 훗날 이 전설의 소재를 재구성한 어떤 서툰 개작자가, 영웅의 모습을 돋보이려는 의도로 전형적인 유기 전설 이야기를 영웅 모세에게 덧칠했는데, 이것이 특수한 상황으로 인해 적합하지 않았던 게 아닐까 싶다.

유기 신화 자체에 접근할 수 있는 또 다른 그리고 보다 희망적인 방법이 없었다면, 이처럼 만족스럽지도 심지어 확실치도 않은 결과이지만 우리의 연구는 이것으로 끝날 수밖에 없고, 모세가 이집트인이었는가 하는 물음에도 분명한 대답을 제시할 수 없었을 거다.

신화 속의 두 가정으로 다시 돌아가자. 알다시피 이 두 가정은 분석적 해석의 차원에선 동일하고 신화의 차원에선 고귀한 가정과 비천한 가정으로 구별된다. 그런데 신화와 결부된 역사적 인물의 경우에는 제3의 차원, 즉 실재의 차원이 존재한다. 하나는 위대한 인물, 그 개인이 실제로 태어나고 자란 실재의 가정이다. 다른 하나는 신화가 의도적으로 꾸며낸 허구의 가정이다. 대체로 실재 가정은 비천하고 허구는 고귀한 가정이다. 그런데 모세의 경우는 뭔가 달라 보인다. 이것은 어쩌면 새로운 관점에서 보면 해명할 수 있는 문제일 수도 있다. 즉 모든 적용 사례에서 아이를 버리는 첫 번째 가정을 허구로 보고, 버려진 아이를 데려다 키우는 두 번째 가정을 실재의 가정으로 보자는 것이다. 우리가 이 주장을 보편적인 진리로 과감히 받아들여 모세 전설에도 적용해보면 곧바로 다음 내용이 확연해진다. '모세는 이집트인이다 — 귀한 신분일 가능성이 다분하고 — 전설에 의해 유대인으로 만들어진다.' 그리고 이것이 우리의 결론이 될 것이다! 아이가 물에 버려지는 대목도 적절한 자리에 있었다. 새로운 결론에 부응하려면 유기의 의도를 억지로라도 왜곡해야만 했다. 아이를 유기하는 것이 단념이 아닌 구원의 수단이 되는 셈이다.

이런 종류의 다른 전설들과 모세 전설이 갈라지는 이유는 모세의 삶의 이야기에는 특별한 면이 있기 때문이다. 영웅은 비천한 태생에도 굴하지 않고 고난을 극복해나가는 삶의 과정을 거치는 게 보통이지만, 인간 모세의 영웅적인 삶은 위에서 내려와 이스라엘 자손과 동등하게 몸을 낮추는 것으로 시작한다.

우리는 모세가 이집트인이라고 추정할 수 있는 두 번째 새로운 논증을 기대하면서 이 문제를 간단히 살펴보았는데, 이름에 근거하는 첫 번째 논증이 많은 사람들에게 결정적인 인상을 주지는 못했던 것으로 안다.[12] 그러나 유기 전설의 분석에 근거를 둔 새로운 논증이 더 성공적일 것이라고 기대해서는 안 된다. 새로운 논증에 대한 반론은 분명 이럴 것이다. 전설이 형성되고 변모되어가는 과정이 우리 것과 같은 결론을 정당화하기에는 너무 불투명하다. 혼란스럽고 앞뒤도 맞지 않는 데다 편향적인 시각에 의해 수세기에 걸쳐 거듭 윤색되어온 개작의 흔적이 뚜렷한, 모세의 영웅적 모습을 담은 전승은 역사적 진실의 핵심을 밝히려는 모든 노력을 좌절시킬 것이다. 나는 개인적으로 이런 부정적인 견해에 동조하진 않지만 그렇다고 이것을 논박할 수 있는 입장도 되지 못한다.

그렇다면 보다 확실한 근거를 얻을 수 없음에도 불구하고 나는 왜 이 연구 논문을 대중 앞에 공개하는 것일까? 이에 대한 나

---

12 예를 들어 마이어Ed. Meyer는 그의 저서《모세 전설과 레위지파(Berliner Sitzber, 1905)》에서 이렇게 말한다. "모세라는 이름은 아마도 이집트 이름일 것이고, 실로의 사제 가문인 핀카스는...... 이집트 이름임이 확실하다. 물론 그렇다고 해서 이 가문의 뿌리가 이집트라고 증명된 건 아니지만 이집트와 관련이 있었던 것은 틀림없다."(651쪽) 물론 무슨 관계였는지 질문할 수 있다.

의 해명 역시 유감스럽지만 암시에 그칠 수밖에 없다. 여기서 언급한 두 가지 논증에 관심을 모아 모세가 귀한 태생의 이집트인이었다는 가설을 진지하게 받아들이면 매우 흥미롭고 멀리 내다볼 수 있는 관점이 열리게 된다. 전혀 근거가 없지 않은 이 같은 가설에 의지하면 모세를 특이한 행로로 이끈 동기를 이해할 수 있으리라고 생각한다. 아울러 이것과 밀접하게 관련해서 모세로부터 부여받은 유대 민족의 율법과 종교의 다양한 성격과 특수성에 대한 근거를 파악할 수 있을 것이고, 이는 유일신 종교의 생성에 대한 중요한 견해를 마련하는 계기가 될 수도 있다. 단지 이토록 중요한 해명의 기반을 심리학적인 개연성에만 둘 수는 없다. 모세가 이집트인이라는 역사적인 단서를 인정한다 해도, 여기서 발생하는 많은 가능성을 두고 실재와는 아주 동떨어진 상상의 산물임에 불과하다는 비판을 막아내려면 적어도 두 번째 확고한 논점이 필요하다. 이 요구는 모세가 살았던 시대, 즉 이집트 탈출이 일어난 시대가 언제인지 객관적인 입증만 가능하다면 충족될 것이지만, 이러한 증명은 이루어지지 않았다. 따라서 모세의 이집트인 설에서 추론될 내용을 언급하는 일은 자제함이 좋을 듯하다.

Ⅱ. 모세가 이집트인이었다면

II. 모세가 이집트인이었다면

이 잡지에[13] 기고한 예전 논문에서 나는 새로운 논증을 통해 유대 민족을 해방하고 율법을 제정한 인간 모세가 유대인이 아니라 이집트인이었다는 추정을 뒷받침하고자 했다. 모세라는 이름이 이집트 어휘에서 유래한다는 주장은 제대로 평가받진 못했지만 오래전부터 제기되어온 주장이었다. 이에 덧붙여 나는 모세와 연관된 유기 신화의 해석을 통해 모세가 이집트인이었고 한 민족의 필요에 의해 유대인으로 만들어졌다는 결론의 불가피함을 언급했다. 그리고 논문 끝에 모세가 이집트인이었다는 가정에서 파급력 있는, 중요한 결론을 도출해낼 순 있지만 객관적인 증명이 결여된, 심리학적 개연성만을 토대로 하는 이러한 결론을 공공연하게 지지할 생각은 없다고 말했다. 이렇게 얻어진 인식이

---

13 《Imago》, 제23권, 1937, 제1편: "이집트인 모세"

중요하면 중요할수록, 이것을 확실한 근거도 없이 주위의 비판적인 공격에 노출해선 안 된다는 경고의 느낌이 더욱 강렬하였다. 진흙 발을 가진 청동상이 오래 서 있을 수 없듯이 말이다. 그 개연성이 아무리 매혹적이라 하더라도 오류를 막을 수는 없다. 한 문제의 각 부분이 퍼즐처럼 딱딱 맞춰지는 듯해도 개연적인 것이 반드시 진리는 아니며, 진리가 늘 개연적인 것이 아님을 염두에 둬야 한다. 그리고 현실과의 괴리가 얼마나 큰지는 개의치 않고 총명함만을 발휘하기 좋아하는 스콜라 철학자나 탈무드 학자의 대열로 분류되는 것 또한 내게는 별 매력이 없다.

나의 이러저러한 동기가 서로 갈등을 일으키고, 예나 지금이나 결코 간과할 수 없는 이런 의혹에도 불구하고, 나는 지난번 발표에 잇대어 이 글을 쓰기로 결심했다. 그러나 이번 논문 또한 연구내용 전부도 아니고, 가장 중요한 부분도 아니다.

I

모세가 이집트인이었다면, 그렇다 하더라도 이 가정에서 얻을 수 있는 첫 번째 결과물은 대답하기 어려운 또 하나의 수수께끼이다. 한 민족 또는 부족이[14] 어떤 중대한 사업을 시작하려면, 그 민족 공동체 일원 가운데 한 사람이 지도자로 자처하고 나서든지 아니면 공동체가 지도자의 소임에 맞는 한 사람을 선출하

---

14   이집트를 탈출한 유대인 수를 우리는 알지 못한다.

는 방법밖에 없다. 그러나 귀한 신분인 — 왕자나 사제 혹은 고 관일 수 있는 — 한 이집트인으로 하여금 다른 나라에서 이주해 오고 문화적으로 열등한 이방인 무리의 선두에 서서, 그들을 이 끌고 이집트를 떠나게 한 것이 과연 무엇이었는지 그 대답을 알 아내기란 쉽지 않다. 더욱이 이방 민족을 경멸하는 것으로 알려 진 이집트인들에게 이런 일은 도무지 가능해 보이지 않는다. 그 렇다, 바로 이런 이유에서 모세라는 이름이 이집트 이름임을 인 정하고 모세가 이집트의 지혜를 그대로 답습했다고 보는 역사가 들조차도 모세가 이집트인이었다는 분명한 개연성을 받아들이 려 하지 않았다는 생각이 든다.

이 첫 번째 난제에 이어 바로 두 번째 문제가 대두한다. 우리 가 잊어선 안 될 점은 모세가 이집트에 살던 유대인들의 정치 지 도자였을 뿐만 아니라 율법 제정자인 동시에 교육자이기도 했으 며 그들로 하여금 오늘날까지도 모세의 종교라고 불리는, 새로 운 종교를 섬기도록 강제한 인물이었다는 것이다. 하지만 하나 의 새로운 종교를 창시하는 일이 한 개인에게 과연 쉽겠는가? 한 사람이 타인의 종교에 영향을 끼치려면, 일단 타인을 자신의 종 교로 개종시키는 것이 가장 자연스럽지 않을까? 어떤 형태의 종 교든 이집트의 유대 민족에게는 분명 종교가 있었을 터이다. 그 리고 유대 민족에게 새로운 종교를 부여해준 모세가 이집트인이 었다면 그 새로운 종교가 이집트 종교였을 것이라는 추측은 부 인하기가 어렵다.

그런데 이 개연성을 가로막는 방해 요소가 있다. 그것은 모세를 근원으로 하는 유대교와 이집트 종교 간의 첨예한 대립이다. 유대교는 웅대하고 엄격한 유일신교이다. 유대교에는 오직 하나의 신만이 존재한다. 그분은 유일무이하고 전지전능하며 가까이 다가갈 수 없는 신이다. 인간은 감히 그분을 쳐다볼 수 없고, 그분의 형상을 만들어서도 안 되며 그 이름조차 입에 올려선 안 된다. 그러나 이집트 종교에는 다양한 신성과 기원을 가진 신의 무리가 무수히 존재한다. 하늘, 땅, 해, 달과 같은 위대한 자연의 힘을 인격화한 신들도 더러 있고, 마아트(Maat, 진리, 정의)와 같은 추상적 개념의 신도 있다. 아니면 난쟁이 모습의 베스[15]같이 괴이한 모습을 한 신도 있다. 하지만 대부분은 나라가 수많은 지역으로 나뉘어 있던 시대에서 기원하는 지역 신들로 동물의 형상을 하고 있는데, 옛 토템 동물에서 미처 진화를 이루지 못한 이들의 모습에는 뚜렷한 차이가 없고, 저마다 특별한 역할도 없었다. 이들 신들을 찬미하는 노래들의 표현도 거의 다 똑같고, 별생각 없이 같은 신으로 보기까지 하는데, 바로 이것이 우리를 혼란의 나락에 빠트리곤 한다. 신들의 이름도 서로 합성된 이름이라서 어떤 이름은 다른 이름의 형용사 노릇밖에 하지 못하는 경우도 있다. "신왕조"의 전성기 시절 테벤(Theben) 시가 섬기던 최고신은 아몬-레(Amon-Re)였는데, 앞부분 아몬(Amon)은 숫양 머리를 한 도시의 신을 뜻하고 레(Re)는 온[16]의 수호신인 새매의 머리를 한

---

15 Bes, 고대 이집트의 신, 단신(短身)에 머리가 크고 혀를 빼 문 괴이한 모습을 하고, 악령이나 유해 동물로부터 사람을 보호한다는 수호신: 옮긴이

16 태양 신앙의 중심지 헬리오폴리스, 카이로의 북동쪽 교외에 있는 고대 이집트

태양신이다. 주술, 의식(儀式), 주문, 액막이는 이들 신을 섬기는 행위로 이집트인들의 일상을 지배했다.

이 같은 상이성(相異性, Verschiedenheit)은 일부분 엄격한 유일신교와 제약 없는 다신교 사이의 원칙적인 대립점에서 간단히 도출해낼 수 있다. 이외에 원시적 단계에 아주 가까운 다신교에 비해 유일신교는 추상화를 통해 승화된 형태의 단계에 있었던 만큼 정신적 차원이 서로 달라서 야기된 상이성도 분명 존재한다. 이 두 가지 이유로 모세 종교와 이집트 종교의 대립은 고의로, 의도적으로 첨예화한 대립이라는 인상을 간혹 받을 수 있다. 예를 들어 한쪽이 온갖 종류의 마술이나 주술을 매우 엄격히 단죄한데 비해 다른 쪽에선 오히려 이런 것들이 한창 만연했다. 또는 흙과 돌과 구리로 신들의 형상을 구현하고자 했던 이집트인들의 무한한 욕구와는 반대로 — 오늘날의 박물관은 그 덕을 톡톡히 보고 있지만 — 유대교에선 어떤 살아있는 존재나 생각 속의 존재를 형상으로 빚는 행위가 철저히 금지되었다.

그러나 우리가 시도한 해명과는 상관이 없는 두 종교 간의 대립 요소가 또 하나 있다. 고대 이집트 민족만큼 죽음을 그토록 강력히 부정하고 내세의 삶을 그토록 치밀하게 준비한 민족은 없었다. 따라서 이 다른 세계의 지배자인 죽음의 신 오시리스(Osiris)는 이집트 신들 가운데 대중에게 가장 추앙받고 인정받는 신이였다. 그러나 이와는 반대로 고대의 유대교는 불멸의 개념

의 종교 도시: 옮긴이

을 아주 끊어버렸다. 사후의 존재 가능성에 대한 언급은 그 어디에도 없다. 그런데 이것은, 훗날 내세의 삶에 대한 믿음이 유일신교와 서로 잘 조화롭게 어우러지는 것을 보면 참으로 이상한 현상이 아닐 수 없다.

우리는 모세가 이집트인이었다는 가설이 다양한 방향에서 결실을 거둬 논제를 밝히는 데 도움이 되리라고 기대했었다. 그러나 이러한 가설에서 끌어낸 첫 번째 추론은 모세가 유대인에게 부여한 새로운 종교는 모세 종교, 즉 이집트 종교라는 것이었다. 그런데 이것은 두 종교의 차이, 그러니까 이 두 종교의 서로 반대되는 속성을 생각하면 논리적으로 이치에 맞지 않는 결론이었다.

2

이집트 종교사 가운데 우리에게 새 지평을 열어주는, 뒤늦게야 주목받고 그 가치를 인정받은 특이한 사실이 있다. 모세가 유대 민족에게 부여한 종교가 모세 자신의 종교였고, 어느 특정한 이집트 종교가 아니었다 하더라도 이집트 종교 중 하나였을 가능성이 있다는 것이다. 기원전 1375년경, 이집트가 처음으로 세계의 제국으로 부상한, 찬란했던 제18왕조의 시절에 한 젊은 파라오가 왕위에 올랐다. 이 파라오는 처음 자신의 아버지처럼 아멘호테프(Amenhotep 4세)라고 불렸다. 그는 훗날 이름을 바꿨는데, 이름만 바꾼 것이 아니었다. 이 왕은 이집트 백성에게 새로운 종교를 강제했다. 이 새로운 종교는 수천 년 동안 이어져 내려온 전통과 관습 일체에 역행하는 종교였다. 이것은 엄격한 유일신교로서 우리가 아는 한 세계 역사상 최초로 시도되었던 유일신교였다. 유일신에 대한 믿음과 더불어 불가피하게 종교적 불관용이 싹트게 되었는데, 이것은 일찍이 고대에는 — 그 후에도 꽤 오랫동안 — 생소한 개념이었다. 아멘호테프가 통치한 기간은 17년밖에 되지 않았다. 기원전 1358년 그가 죽은 직후 이 새로운 종교는 급속히 와해되고, 이단자 왕에 대한 회상은 배척되었다. 그에 대해 우리가 알고 있는 적은 지식은 그가 만들고 신에게 바친 새 왕궁의 폐허와 그곳 석굴 묘에 새겨진 비문에서 나온 것이다. 이 유별나고 독보적인 인물에 대해 우리가 알아낸 것은 모두 대단히 흥미롭다.[17]

새로운 모든 것은 앞선 것에 이미 그것을 위한 준비와 기본 여건이 갖춰져 있기 마련이다. 먼 과거로 거슬러 올라가면 이집트 유일신교의 기원을 어느 정도 확실하게 추적할 수 있다.[18] 온[19]에 있는 태양 사원의 사제 학교에서는 오래전부터 하나의 보편적인 신에 대한 관념을 발전시키고 있었고, 신의 윤리적 측면을 부각시키려는 경향이 있었다. 진리와 질서, 정의의 여신인 마

---

17 브레스티드는 아멘호테프를 "인류 역사상 최초의 개인"이라고 부른다.

18 다음 내용은 주로 브레스티드의 《이집트 역사 History of Egypt》(1906)와 《양심의 새벽 The Dawn of Conscience》(1934) 및 《캠브리지 고대사 The Cambridge Ancient History》(제2권)의 해당 부분에서 참조했다.)

19 헬리오폴리스(Heliopolis), 성서에는 On, 태양신 레를 숭배한 가장 오래된 고대 이집트의 도시: 옮긴이

아트(Maat)는 태양신 레(Re)의 딸이었다. 이 개혁자의 아버지이자 전왕(前王)인 아멘호테프 3세가 통치하던 시절에 태양신 숭배는 비약적으로 번성했는데, 아마도 위세가 등등한 테벤의 신 아몬과 적대적일 가능성이 컸다. 태양신의 태곳적 이름인 아톤(Aton) 혹은 아툼(Atum)이 다시 등장했고, 이러한 아톤교에서 젊은 왕은 자신이 구태여 일깨울 필요가 없는 하나의 종교운동을 간파하고 이에 동조할 수 있었던 셈이다.

이 무렵부터 이집트의 정치 상황은 이집트 종교에 지속적인 영향을 끼치기 시작했다. 위대한 정복자 토트메스 3세의 군사적 공훈에 힘입어 이집트는 세계 강대국이 되었고, 남으로는 누비아,[20] 북으로는 팔레스타인, 시리아, 메소포타미아 일부가 제국에 흡수되었다. 이 제국주의는 종교에 보편주의와 일신교로서 반영되었다. 이제 파라오의 손길이 이집트뿐만 아니라 누비아, 시리아까지 미치게 되자 신성(神性)도 국가적 제약을 뛰어넘어야 했다. 파라오가 이집트인들 세계에서 오직 하나밖에 없는 절대적인 지배자였듯, 이집트의 새로운 신 역시 그리 되어야 했다. 또한 제국의 국경이 확장됨에 따라 이집트는 당연히 외국의 영향을 더욱 많이 받아들이게 되었다. 이집트 왕비 중에는 아시아계 왕녀도 여럿 있었다.[21] 어쩌면 유일신교에 대한 직접적인 영향도

---

20 이집트 남부부터 수단 북부에 이르는 지역, 기원전 8세기를 중심으로 번영한 고대 문화 지대: 옮긴이

21 아멘호테프가 총애했던 노프레테테(Nofretete) 왕비도 아시아계였을 가능성이 있다.

시리아로부터 들어왔을지 모른다.

아멘호테프는 온의 태양 숭배를 지지한 것을 결코 부인하지 않았다. 석굴 묘에 새겨진 비문에 남아 있고 자작시로 추정되는, 아톤에게 바치는 두 편의 찬미가에서 아멘호테프는 태양을 이집트 내외에 존재하는 모든 생명체의 창조자로, 보존자로 열렬히 칭송하고 있다. 그 열렬함은 수세기가 지난 먼 훗날에야 하느님 여호와에게 바치는 유대인들의 시편에서 되풀이된다. 그러나 그는 태양 광선의 효과에 대해 시대를 한참 앞지른 과학적 인식에 만족하지 않았다. 그는 한 걸음 더 나아가 태양을 물질적 대상으로서가 아니라, 빛을 통해 그 위력을 드러내는 신석 존재의 상징으로서 숭배했다.[22]

그러나 아멘호테프를 전대에 이미 존재하던 아톤교를 신봉하고 장려하는 왕으로만 생각한다면 이것은 올바른 평가가 될 수 없다. 그의 활동은 훨씬 더 큰 영향력을 행사했다. 그는 보편적인 신에 대한 교의를 바탕으로 유일신교를 만드는 데 꼭 필요한 요인, 즉 배타성을 새로 도입한 인물이다. 한 찬미가에서 그는 직접 이렇게 표현한다. "오, 유일한 신이시여, 당신 외에 다른 신은 없

---

22 브레스티드 《이집트 역사》, 360쪽: "그러나 새로운 국교가 헬리오폴리스에서 기원한 것이 분명하기는 해도 이 국교는 단지 태양만 숭배하는 종교가 아니었다. 아톤은 신(nuter)을 뜻하는 고어를 대신해 쓰였고, 신은 물질적 태양과 명백히 구분되었다." 브레스티드 《양심의 새벽》, 279쪽: "왕이 신격화하고 싶어 했던 것은 땅위에 스스로의 존재를 인지시키는 태양의 위력이었음이 분명하다." 신을 찬미하는 의례에 대한 에르만의 견해도 이와 유사하다. (A. 에르만Erman 《이집트 종교》, 1905): "이는 ... 천체로서의 태양 자체를 숭배하는 것이 아니라, 그 속에 나타나는 본질이 숭배 대상임을 최대한 추상적으로 표현하는 단어들이다."

소이다."[23] 그리고 새로운 교리를 평가하는 데 있어 그것의 긍정적인 내용을 아는 것만으론 충분하지 않다는 점을 잊어선 안 된다. 그 교리가 배척하는 내용, 부정적인 측면 역시 그것 못지않게 중요하다. 또한 제우스의 머리에서 완전무장한 모습으로 태어난 아테나처럼 이 새로운 종교가 단숨에 생겨났다고 생각하면 그것은 오산이다. 이것은 오히려 아멘호테프 통치 기간 동안 점차 뚜렷하고 일관되고 냉혹하고 편협한 양상으로 전개되면서 서서히 견고해졌을 공산이 크다. 아마도 이러한 상황은 왕의 개혁에 반대한 아몬 신관들의 격렬한 저항에 영향을 받으며 진전되었을 것이다. 아멘호테프 재위 6년째에 서로 간의 불화가 치열해지자 왕은 이제 금기시된 아몬 신의 이름이 들어간 자신의 이름을 고쳤다. 이때부터 그는 아멘호테프가 아니라 이크나톤(Ikhnaton)[24]으로 불리게 되었다. 왕은 혐오하는 신의 이름을 자신의 이름에서만 지워버린 것이 아니었다. 모든 묘비명에서, 아버지 아멘호테프 3세의 이름에서도 아몬이라는 이름을 지웠다. 개명 후 얼마 지나지 않아 이크나톤은 아몬이 지배하는 테벤(Theben)을 떠나 강을 따라 내려가서 새로운 수도를 건립하고 아케타톤(Akhetaton, 아톤의 지평선)이라고 명명했다. 이 수도의 폐허는 오늘날 텔-엘-아마

---

23 브레스티드《이집트 역사》, 374쪽

24 이크나톤(Ikhnaton)은 영어 표기법을 따른 것이다. 아케나텐(Akhenaton)으로 쓰기도 한다. 왕의 새로운 이름은 옛 이름과 뜻은 거의 동일하다.: 신이 만족한다. 참조: 고트홀트(Gotthold), 고트프리트(Gottfried)

르나(Tell-el-Amarna)라고 불린다.[25]

왕으로부터 가장 심한 박해를 받았던 신은 아몬이었다. 그러나 아몬뿐만이 아니었다. 왕은 나라 곳곳에서 신전을 폐쇄하고 제례를 금지했으며 신전의 재산을 모조리 압수했다. 실제로 왕의 열의는 대단했는데, 옛 기념물을 조사해서 "신"이라는 단어가 복수로 쓰여 있으면 모조리 삭제해버릴 정도였다.[26] 이크나톤이 취한 이러한 조치들은 억압을 당하는 신관들과 불만이 쌓인 백성들에게 광신적인 복수심을 불러일으켰고, 왕이 죽은 뒤 이 복수심이 봇물 터지듯 터져 나온 것은 그리 놀라운 일이 아니다. 아톤교는 대중적 기반을 얻지 못했다. 이 새로운 종교를 받아들인 사람들은 왕의 측근에 있던 소규모 집단에 불과했던 것 같다. 이크나톤의 최후에 대해 우리가 아는 것은 없다. 들리는 이야기로는 이크나톤 가문의 단명한 몇몇 후손을 둘러싼 희미한 이야기뿐이다. 이크나톤의 사위 투탄크하톤을 보더라도 그는 테벤으로 돌아오지 않을 수 없었고 이름마저 아톤 신을 아몬으로 대치해야 했다. 그 후 무정부 상태로 지속하다가 1350년에 이르러 최고 지휘관인 하렘하브 장군에 의해 질서가 다시 회복되었다. 이집트는 찬란하던 18왕조의 몰락과 함께 누비아 및 아시아 점령지도 잃게 되었다. 이 암울한 공백 기간에 이집트의 고대 종교들이 새롭게 부활했다. 아톤교는 폐지되었고 이크나톤의 왕궁은 파괴와 약탈

---

25 1887년 이곳에서 역사 연구에 매우 소중한, 이집트 왕들이 아시아의 친구를 비롯한 가신들과 왕래한 서신이 발굴되었다.

26 브레스티드《이집트 역사》, 363쪽

의 대상이 되었다. 이크나톤을 기념하는 것은 곧 범죄자를 기념하는 행위로 추방되었다.

이제 우리의 특정 목적을 위해 아톤교의 몇몇 부정적인 특성들을 짚어보도록 하겠다. 첫째 아톤교는 신화, 마술, 주술과 관련한 모든 요소를 모조리 배제했다.[27]

다음은 태양신을 표현하는 방법이 달라졌는데, 작은 피라미드나 매의 형태였던 전과는 달리 이제는 둥그런 원에서 쭉 뻗쳐나가 인간의 손에서 멈추는 빛줄기들로 거의 썰렁하다고 할 정도로 소박하게 표현되었다. 아마르나 시대는 예술을 애호하던 시대였는데도 다른 형태의 태양신, 즉 아톤의 인격화된 형상은 발견되지 않았다. 앞으로도 발견되지 않을 것이라고 자신 있게 말할 수 있다.[28]

끝으로 아톤교는 죽음의 신 오시리스(Osiris)와 저승에 대해 완전히 침묵했다. 찬미가나 비문 어디에서도 이집트인들의 가장 깊은 관심사일 수 있었던 이 문제가 언급되지 않는다. 민족종교와의 대립을 가장 확연하게 보여주는 것이 바로 이 점이다.[29]

---

27 웨이걸(Weigall)에 따르면 이크나톤은 지옥을 용납하지 않았다. 사람들은 무수한 주문을 통해 지옥에 대한 두려움을 떨치고자 했다. 《이크나톤의 생애와 시대》, 1923, 121쪽) "이크나톤은 이런 주문들을 모조리 불태웠다. 신령, 악령, 유령을 비롯해 오시리스 및 그의 신전까지 불길에 휩싸여 잿더미가 되었다."

28 A. 웨이걸(1.c. 103쪽): "이크나톤은 아톤 조각상을 일체 만들지 못하게 했다. 참된 신은 형상이 없다면서 평생 이 의견을 고수했다."

29 에르만 Erman(1.c. 70쪽): "오시리스와 그의 나라에 대해선 더 이상 들을 수 없게 되었다.", 브레스티드, D. of C, 291쪽: "오시리스는 완전히 불문에 부쳐졌다. 그는 이크나톤의 어떤 기록에도 언급되지 않았고 아마르나 시대의 어떤 묘비

3

이제 감히 결론을 내보겠다. 모세가 이집트인이었고 또 그가 자신의 종교를 유대인에게 전했다면 그것은 바로 이크나톤의 종교, 아톤교였을 것이다.

앞서 우리는 유대교를 이집트의 민중 종교와 비교하고 이 두 종교의 서로 반대되는 속성을 확인한 바 있다. 이제 유대교와 아톤교를 비교해 보도록 하자. 이 두 종교가 원래는 같은 종교임을 입증할 수 있기를 기대하면서 말이다. 이것이 쉬운 일이 아니라는 것은 안다. 아몬교 사제들의 복수심 탓에 아톤교에 대해 우리가 아는 것은 극히 적다. 우리는 그때부터 800여 년이 흐른 뒤인 바빌론 유수기[30] 동안 유대교 사제들에 의해 정착된 최종 모습의 모세교밖에 알지 못한다. 이렇게 자료가 부족한 가운데서도 우리의 가설에 유익한 개개의 징후들이 찾아진다면 그것들은 높이 평가받아야 마땅할 것이다.

모세교가 다름 아닌 아톤교라는 우리의 논제를 입증해주는 지름길이 있기는 있다. 이를테면 신앙에 대한 고백이나 선언을 통해서이다. 하지만 이 방법은 어려울 것이라고 사람들이 말하지 않을까 싶다. 알다시피 유대인들의 신앙고백은 다음과 같다.

명에도 언급된 적이 없다.”

30 바빌론 幽囚期: 기원전 587년 유다 왕국이 멸망하면서 유대인들이 바빌론에 포로로 잡혀가서 기원전 538년 풀려날 때까지 약 50년 동안의 기간을 뜻한다.: 옮긴이

"이스라엘아 들어라, 우리 하느님 여호와는 오직 하나인 여호와시니(Schema Jisroel Adonai Elohenu Adonai Echod)"[31] 이집트 이름 아톤(Aton, 혹은 아톰 Atum)이 히브리어 아도나이(Adonai)와 시리아 신의 이름인 아도니스(Adonis)를 연상시키는 것이 우연이 아니고, 태곳적 언어 공동체와 신념 공동체(Sinngemeinschaft)에 원인한다고 보면 유대인들의 기도문은 다음처럼 번역될 수 있다. '이스라엘아 들어라, 우리의 신 아톤(아도나이)은 오직 한 분이시니' 하지만 유감스럽게도 나는 이 문제에 대답할 수 없는 문외한인 데다 문헌에서도 이와 관련된 자료를 거의 찾아내지 못했다.[32] 여하튼 이 문제는 그렇게 가볍게 넘길 문제는 아닐 듯싶다. 신의 이름과 관련한 문제는 나중에 우리가 한번 되짚어 봐야 할 사항이다.

두 종교 간의 유사점과 차이점은 쉽게 간파할 수 있지만, 우리를 충분히 이해시키지는 못한다. 이 두 종교는 엄격한 유일신교의 형태를 띠고 있다. 그래서 이 둘의 유사성을 처음부터 이러한 기본적인 특성에 돌리려는 경향이 있다. 유대의 유일신교는 여러 면에서 이집트의 유일신교보다 더 엄격하다. 예를 들어 유대교에서는 구상적 표현을 일절 금지하고 있다. 그러나 가장 본질적인 차이는 ― 신의 이름은 도외시하고 ― 태양숭배에 의존했던 이집트 종교와 달리 유대교는 태양숭배를 완전히 배제했

---

31 '신명기' 6장 4절: 옮긴이

32 웨이걸,1.c. 12쪽, 19쪽: 레Re를 지는 태양이라고 부른 아톰Atum 신과 북시리아에서 널리 숭배되던 아톤Aton은 그 근원이 같을 가능성도 있다. 그래서 이국의 여왕과 시종들이 테벤보다 헬리오폴리스에 더 마음이 끌렸을지 모른다.

다는 점이다. 유대교와 이집트의 민족종교를 비교하면, 두 종교의 차이에는 원칙적인 대립 말고도, 의도적인 모순의 요인이 있다는 인상을 받게 된다. 이러한 느낌은 이 비교에서 유대교 자리에, 알다시피 이크나톤이 민족종교를 핍박하면서 고의로 발전시킨 아톤교를 놓아보면 당연해 보인다. 유대교에는 내세라든지 사후의 삶에 관해 전혀 언급이 없다는 사실에 우리가 놀라는데, 그건 당연하다. 왜냐하면 이러한 교리는 엄격한 유일신교와 잘 어울리는 내용이기 때문이다. 만약 우리가 유대교에서 아톤교로 되돌아가고 그러한 교리의 배제가 아톤교에서 왔다고 가정하면 별로 이상할 것이 없다. 죽음의 신 오시리스가 지상계의 그 어떤 신보다도 중요한 역힐을 하는 민족종교와 대결하기 위해서 이크나톤이 그러한 교리를 배제할 수밖에 없었을 것이기 때문이다. 유대교와 아톤교가 이처럼 중요한 점에서 일치하는 것은 우리의 논제를 받쳐주는 첫 번째 강력한 논증이 된다. 또한 논증이 이것만이 아니라는 것을 알게 될 것이다.

모세가 유대인들에게 부여한 것은 새로운 종교뿐만이 아니었다. 할례의 관습 또한 모세에 의해 도입되었다고 똑같이 단언할 수 있다. 이 사실은 우리 문제와 관련해 매우 중요한 의미를 지니지만 제대로 주목받은 적이 거의 없다. 성서는 할례에 대해 앞뒤가 맞지 않은 이야기를 여러 차례 기록하고 있다. 성서 기록에 따르면 할례는 한편으론 원시 아버지 시대에 하느님과 아브라함이 맺은 언약의 표시이다. 그러나 다른 한편으론 이와 관련한 아주 모호한 구절도 성서에 나온다. 거룩한 관습을 소홀히

여겼다고 모세에게 진노한 하느님이 모세를 죽이려 하자 미디
안 여인인 그의 아내가 재빨리 할례를 행함으로써 위험에 처한
남편을 하느님의 진노로부터 구하게 된다는 내용이다. 하지만
이것은 왜곡이고 여기서 우리가 헷갈려서는 안 된다. 왜곡의 동
기가 무엇인지는 곧 파악하게 될 것이다. 유대인의 할례 관습이
어디에서 유래했는지에 대한 대답은 하나뿐이다. 이집트로부터
다. '역사의 아버지' 헤로도토스는 이집트에는 먼 옛날부터 할례
가 관습으로 뿌리를 내리고 있었다고 전한다. 그의 주장은 미라
에 대한 검사 결과와 묘지 벽화들을 통해 사실임이 확인되었다.
우리가 아는 한 동부 지중해 연안의 민족들 가운데 할례 관습
을 따른 민족은 이집트 외엔 없었다. 셈족, 바빌로니아, 수메르
사람들은 할례를 받지 않았던 것이 분명하다. 가나안 주민이 할
례를 받지 않은 것에 대해서는 성서가 직접 이야기한다. 야곱의
딸과 세겜 왕자 사이에 벌어졌던 사건의 결말이 그것을 이야기
해준다.[33, 34]

---

33 '창세기' 34장 참조: 야곱의 딸 디나는 세겜 왕자에게 강간을 당한다. 그러자
    야곱의 아들들이 할례를 받은 자가 아니면 디나를 줄 수 없다고 한다. 그래서
    세겜 일가는 할례를 받게 되는데, 그들이 아파할 때에 야곱의 두 아들이 그 성
    읍을 기습하여 세겜 일가를 몰살시킨다.: 옮긴이

34 성서 전승을 다루면서, 내 논증에 유용한 부분만 끌어다 쓰고 그렇지 않은 부분
    은 서슴없이 물리치는 그런 독단적이고 제멋 대로인 태도가 심각한 방법론적
    비판을 야기하고 논증의 증명력을 약화시킨다는 것을 우리는 잘 알고 있다. 하
    지만 편향적인 왜곡의 영향으로 신뢰성이 심각하게 훼손된 게 명백한 자료를
    다루려면 이 방법밖에 없다. 뒤에서 왜곡의 숨겨진 동기를 추적할 때 이런 방
    법을 정당화하는 어떤 구실을 얻을 수 있었으면 한다. 어떻든 확실성을 얻기는
    어렵다. 덧붙여 말하자면 다른 학자들도 모두 이 방법을 쓰지 않았을까싶다.

이집트에 머물던 유대인들이 모세의 종교 창설과의 연관 속에서 할례 관습을 받아들였을 가능성 이외의 다른 길은 일축해 버려도 좋을 만큼 전혀 근거가 없다. 우선 먼저 할례가 이집트의 보편적인 민족 풍습이었다는 점을 염두에 두자. 그리고 잠시 모세가 유대인이었고, 자신의 동포를 이집트의 강제 노동에서 해방시켜 그들이 자주적이고 자부심을 가진 민족적 존재로 발전하도록 그들을 다른 나라로 이끌려고 했다는 — 실제로도 그리되었다는 — 통설을 한번 따라가 보기로 하자. 그렇다면 당시 모세가, 말하자면 동포와 자신을 이집트인으로 만들고 이집트를 늘 생생하게 기억나게 하는 매우 거북스러운 풍습을 동포들에게 강요했나는 이야기가 된다. 그런데 그것이 대체 무슨 의미가 있다는 말인가. 모세가 추구한 방향은 그와는 반대로 자신의 백성들이 노예 생활을 하던 이집트와 소원해져 "과거의 좋았던 시절"[35]에 대한 그리움을 극복하는 데 있었을 텐데 말이다. 그렇다, 우리가 출발점으로 삼았던 사실과 덧붙여진 가설은 서로 모순된다. 따라서 우리는 과감히 다음과 같은 결론을 내릴 수 있다. '모세가 유대인들에게 새로운 종교만이 아니라 할례의 계명까지 부여했다면 모세는 유대인이 아니라 이집트인이었다. 따라서 모세 종교도 이집트 종교일 가능성이 크다. 더욱 정확히 말하면 그 이집트 종교는 민족종교와 대립적인 관계에 있었다는 점과 또 훗

---

35 Fleischtöpfen Ägyptens 이집트의 고기 냄비, 즉 유대인들이 이집트에서 잘 먹던 시절을 그리워한 데서 나온 표현: 옮긴이

날 유대교와 몇몇 중요한 부분에서 일치하는 점으로 보아 아톤교였을 것이다.'

모세가 유대인이 아니라 이집트인이었다는 가설은 우리에게 새로운 수수께끼를 던져준다. 모세가 유대인이라면 쉽게 이해될 것 같은 행동 양식이 이집트인이라면 이해가 가지 않는다. 그러나 모세를 이크나톤 시대의 사람으로 파라오와 연결해 생각하면 이 수수께끼는 사라지면서 그러한 행동을 일으킬 수 있는 동기가 보이게 되고, 이것이 우리의 모든 질문에 답이 될 것이다. 모세가 귀한 신분의 고위직 인물, 어쩌면 전설이 전하듯 실제로 왕가의 일원이었을지 모른다는 전제에서 출발해보자. 모세는 분명 자신의 대단한 능력을 의식하는 야심만만하고 추진력 있는 사람이었을 것이다. 그는 스스로 언젠가 민족의 영도자가 되어 나라를 통치하겠다는 목표를 머리에 떠올려봤을 수 있다. 또한 파라오의 측근으로서 새로운 종교의 기본 사상을 습득한, 그 종교의 독실한 신봉자였을 것이다. 그러나 왕이 죽고 새 종교에 대한 반동이 시작되자 그의 희망과 기대는 송두리째 무너져 내린다. 그가 자신의 소중한 신념을 저버리지 않으려면 이제 이집트에선 얻을 게 전혀 없는 상황이 돼버린 셈이다. 즉 조국을 잃은 것이다. 이러한 위기 상황에서 그는 특별한 해결책을 하나 찾아낸다. 몽상가 이크나톤은 백성의 신망을 잃었고 세계 제국은 붕괴하였다. 새로운 나라를 건설하고 새로운 백성을 찾아내 그들로 하여금 이집트인이 거부한 종교를 숭앙하게 하는 계획은 모세같이 기력이 왕성한 사람에게는 잘 맞는 계획이었을 것이다. 그러나 이크나톤의 재앙이 가져온 손실을 양쪽으로 보상받으려는 시도는 알다시피 운명에 도전하는 영웅적인 시도이다. 어쩌면 그는 당시 셈족 일파가 정착해있던 변방 지방(고센)의 총독이었을 수도 있다(이들의 정착은 힉소스 시대부터였을지도 모른다). 그는 이들을 자신의 새 백성으로 선택했다. 그것은 세계사적인 결단이었다.[36] 모세는 이 백성들과 협조해 선두에 서게 되고 "손의 권능"[37] 으로 이들의 이주를 실행했다. 출애굽이, 성서의 전승과는 전혀 다르게 추격당하지 않는 평화로운 상황에서 일어났다고 가정해볼 수 있다. 이것은 모세의 권위 덕에 가능했을 것이고, 당시는 그를 저지할 중앙 권력도 없었다.

이러한 우리의 구성에서 출애굽이 일어난 시기는 기원전 1358년에서 1350년 사이로 추정된다. 다시 말해 이크나톤이 죽은 뒤부터 하렘하브에 의해 국위가 회복되기 전까지의 시기이다.[38] 이주의 목적지는 가나안 땅일 수밖에 없었을 것이다. 그곳에는 이

---

36 모세가 고위 관리였다면 그가 유대인의 영도자 역할을 담당한 것이 더욱 잘 이해된다. 만약 사제였다면 종교 창시자로 나서는 것도 용이했을 것이다. 두 경우 다 모세는 자신이 해온 직업을 계속하고 있었던 셈이다. 왕가의 왕자가 최고 지휘관이나 사제가 되기는 쉬웠다. 유기 전설은 받아들이면서도 성서 외의 다른 전승들에도 정통한 듯 보이는 플라비우스 요세푸스(Flavius Josephus, 저서 《유대 고대사》)는 모세가 에티오피아 원정에서 승리를 거둔 이집트의 최고 지휘관이었다고 이야기한다.

37 '출애굽기' 13:3,14,16: 옮긴이

38 역사가들 대부분은 출애굽이 일어난 시기를 제19왕조 메르네프타흐 시대라고 추측하는데, 우리의 가설에 따르면 출애굽은 그보다 한 세기쯤 앞선다. 어쩌면 좀 더 뒤에 일어났을지도 모른다. 공식적인 역사 기록에서는 공위 기간도 하렘하브의 통치 기간에 포함시킨 것 같기 때문이다.

집트의 지배가 무너진 후, 호전적인 아라메아인의 무리가 침범해 점령과 약탈을 일삼으며, 강한 민족이면 새로운 토지를 차지할 수 있음을 보여주고 있었다. 우리는 1887년 아마르나 폐허에서 발굴된 문서실의 서한들을 통해 이 전사들에 대해 알고 있다. 이 서한에서 그들은 하비루(Habiru)라고 불렸다. 그런데 이 이름은, 그 경위는 알 수 없지만, 아마르나 서한에서 뜻하는 것과는 달리 훗날 유대인 침입자 ― 히브리(Hebräer) ― 로 되었다. 팔레스타인 남쪽 지역 가나안에는 당시 이집트를 떠나 가나안으로 이동하는 유대인들과 친연 관계가 있는 종족도 살고 있었다.

우리가 전반적으로 추측했던 출애굽의 동기는 할례의 도입과도 맞물린다. 사람이든 민족이든, 각 개인 역시 태곳적의 이해되지 않는 풍습을 대할 때 어떤 태도를 보이는지 우리는 안다. 그 풍습을 좋지 않는 사람들에게 그것은 매우 낯설고 약간 섬뜩하기까지 하다. 그러나 할례를 받아들인 사람들은 그것에 대해 자부심을 가진다. 할례를 받음으로써 격이 높아지고 고귀해진 것처럼 느낀다. 그들은 할례를 받지 않은 사람들을 부정하다고 여기며 경멸한다. 오늘날까지도 터키인들은 기독교인을 "할례 받지 않은 개"라고 비방한다. 모세는 자신이 할례받은 이집트인이었으니 이러한 생각에 동조했을 법하다. 그가 조국을 떠나며 이끌고 나온 유대인들은 조국에 있는 이집트인들을 대신할 수 있는, 더욱 더 나은 사람들이어야 했다. 어떤 경우든 유대인이 조국의 이집트인들보다 열등해서는 안 되었다. 모세는 성서에 명시된 대로 유대인을 "거룩한 백성"으로 만들고자 했다. 이러한 봉헌의 표시로 모세는 할례의 풍습도 도입했는데, 적어도 할례를 통해 유대인이 조국의 이집트인들과 동등해지도록 만들었던 것이다. 또한 이러한 표시를 통해 그들을 격려하고, 이주 지역의 이방 민족들과 뒤섞이는 것을 방지할 수 있다는 데서 모세로서는 당연히 환영할만했을 것이다. 이집트인들이 모든 이방 민족과의 교제를 피했듯이 말이다.[39]

그러나 후에 유대 전승은 우리가 앞서 전개한 결론 때문에 일그러진 듯하다. 할례가 모세에 의해 도입된 이집트 풍습이라고 시인하면, 모세가 세운 종교 역시 이집트 종교라는 것을 거의 인정하는 셈이 된다. 그러나 이 사실을 부인할 충분한 이유가 있다. 따라서 할례와 관련한 실제 내용도 반박해야만 한다.

---

39 기원전 450년경 이집트를 여행했던 헤로도토스는 여행 기록에서 이집트 민족의 특성을 묘사했는데 이러한 특징은 후 시대의 유대인들이 보여주는 특징과 놀라울 정도로 유사하다. "이집트인들은 모든 면에서 다른 민족보다 경건하고 다른 풍습도 많다는 점에서 구분된다. 예컨대 할례는 위생적인 이유에서 처음 도입되었다. 또 돼지를 기피하는 이유는 세트 신이 검은 돼지 모습으로 호루스를 부상 입힌 것과 관련이 있음이 분명하다. 이들은 특히 암소를 신성시한다. 암소는 절대로 먹지 않고 제물로도 쓰지 않는다. 그것은 소뿔 모양의 관을 쓴 이시스를 모독하는 행위이기 때문이다. 그렇기 때문에 이집트 사람들은 그리스인과 절대 입을 맞추지 않고 그리스인이 쓰던 칼이나 고기구이용 꼬챙이, 솥 같은 것을 쓰지 않는다. 그리고 (보통) 순 황소 고기라도 그리스인의 칼로 자른 것이라면 먹지 않는다……. 이들은 자기들처럼 순결하지도 않고 신들을 가까이 섬기지 않는다고 교만하고 편협한 태도로 다른 민족을 경멸한다." 에르만 《이집트 종교》, 181쪽.
물론 인도인들의 삶에도 이런 비슷한 면이 있다는 것을 잊어선 안 된다. 또 19세기의 유대 시인 하인리히 하이네로 하여금 자신의 종교를 "나일 강 골짜기에서 질질 끌고 온 괴로움, 고대 이집트의 건강하지 못한 종교"라면서 한탄하도록 만든 것은 누구였던가?

이 부분에서 비난의 목소리가 나올 듯싶다. 모세를 이크나톤 시대의 이집트인으로 보고 당시의 정치적 상황에서 유대 민족을 받아들인 모세의 결단을 추론해낸 점, 또 모세가 자신의 백성에게 부여했든 혹은 강제했든 종교가 다름 아닌 이집트에서 붕괴한 아톤교라는 점, 이러한 추측들로 구성된 내용을 내가 아무런 근거 자료도 없이 너무 확정적으로 제시하지 않았느냐는 비난일 것이다. 그러나 이런 비난은 옳지 않다. 나는 이미 서론에서 의심할만한 요소에 대해 강조한 바 있고, 이것을 이를테면 괄호 앞에 두었다. 번번이 괄호 안의 내용을 반복하는 것은 피하고 싶다.

몇 가지 나의 비판적인 소견을 언급하면서 논의를 이어 가보겠다. 우리 주장의 핵심 부분, 즉 유대인의 유일신교가 이집트 역사 속의 유일신교 에피소드에서 유래했다는 것은 이미 여러 학자가 예감하고 암시해온 내용이다. 그 의견들을 여기에다 열거하진 않겠다. 왜냐하면 그들 가운데서 이집트 종교가 어떤 통로를 거쳐 유대교에 영향을 미칠 수 있었는지를 설명해주는 사람은 아무도 없기 때문이다. 그 영향이 모세라는 인물과 관련이 있다는 것이 우리가 선호하는 견해이지만 이외의 또 다른 가능성도 언급하지 않을 수가 없다. 공식적인 아톤교가 붕괴함으로써 이집트에서의 유일신교 흐름이 완전히 끊겼다고 볼 순 없다. 아톤교가 시작되었던 온의 사제 학교는 재앙을 극복하고 이크나톤

이후에도 세대에 걸쳐 그 사상의 맥을 이어왔다. 그러하기에 모세가 이크나톤 시대의 사람이 아니고 이크나톤 개인의 영향도 받지 않았고, 단지 온의 사제 학교의 추종자 혹은 더 나아가 일원일 뿐이었다고 하더라도, 모세의 행위는 충분히 생각할 수 있을 법한 일이다. 이러한 가능성은 출애굽 시기를 늦추고 일반적으로 인정되는 시점(기원전 13세기)에 가깝도록 할 순 있다. 그러나 그 외에는 바람직한 내용이 하나도 없다. 모세의 동기에 대한 통찰도 사라지고 이집트의 무정부 상태가 출애굽을 쉽게 만들었다는 내용도 없어져 버린다. 그 후 제19왕조의 왕들은 강력한 통치를 구축했다. 출애굽에 유리한 외적, 내적 조건들이 일치하는 시기는 이단 왕이 죽고 난 직후뿐이다.

유대인들에게는 성서 이외에도 전승과 신화 형식의 문헌이 아주 많다. 이것들은 최초의 영도자이자 종교 창설자였던 위대한 인물을 중심으로 수세기에 걸쳐 형성되었고, 여기에서 위대한 인물은 신성하고 모호한 모습으로 만들어져왔다. 이 자료 가운데엔 '모세오경'에 나오지 않는 귀중한 전승의 파편도 담겨있다. 이러한 전승은 어릴 때부터 나타난 모세라는 인물의 야심 찬 모습을 감동적으로 묘사하고 있다. 한번은 파라오가 모세와 놀다가 그를 안아 번쩍 들어 올리자 세 살배기 사내아이는 파라오의 왕관을 벗겨 자기 머리에 썼다. 왕은 이러한 징조에 깜짝 놀라 현자들에게 이 일에 대해 물어봤다는 것이다.[40] 또한 모세가

---

40   이 일화는 약간 변형된 형태이시난 요세푸스의 글에서도 나온다.

이집트의 최고 지휘관으로 에티오피아와의 전투에서 거둔 승리의 공적에 관해서도 이야기한다. 이 이야기와 연결해 모세가 이집트 궁정 내의 한 정파, 혹은 파라오의 질시에 위기를 느끼고 이집트에서 도망쳤다는 설도 있다. 성서도 신빙성이 있다고 생각되는 몇 가지 모세의 특징을 그리고 있다. 성서는 모세를 화를 잘 내고 성미가 급한 사람으로 묘사한다. 유대인 노동자를 학대하는 잔인한 감독관의 행위에 분노한 나머지 그를 때려죽이는가 하면 백성의 배교에 격분하여 시나이 산에서 가져온 율법 판을 깨뜨려버린다. 결국 하느님은 모세의 어떤 조급한 행동에 벌을 내리지만 어떤 행동이었는지에 대해서는 언급이 없다. 이러한 성격의 특성이 모세를 찬양하는 데 도움이 되지 않는 것으로 보아, 이것은 역사적 사실과 일치하는 것일 수 있다. 또한 유대인들은 옛날에 하느님을 질투가 많고 엄격하고 무자비하다고 표상했는데, 이러한 특성은 사실 모세에 대한 기억에서 유래했을 가능성도 있다. 실제로 유대인들을 이집트에서 이끌고 나온 이는 보이지 않는 하느님이 아니라 인간 모세였기 때문이다.

특별히 우리의 관심을 끄는, 모세에게 주어진 또 하나의 특징이 있다. 모세는 "말이 어눌한 자"였다고 한다. 아마 모세에게는 언어에 대한 압박감이나 언어 장애가 있었던 모양이다. 그래서 파라오와 이른바 협상을 벌일 때 그의 형인 아론의 도움이 필요했다. 이 또한 역사적 사실일 수 있으며 한 위대한 인물의 생생한 모습을 되살리는 데 바람직하게 기여할 수 있다. 그러나 여기엔 더 중요한 또 다른 의미가 있을 수도 있다. 모세가 다른 언어

를 사용하는 사람이어서 셈족인 새 이집트인들과 적어도 초반에
는 통역 없이는 의사소통할 수 없다는 것, 그 사실을 염두에 두
고 약간 왜곡해 이야기했는지도 모른다. 그러니까 모세가 이집
트인이었다는 논제를 입증해주는 새로운 근거인 셈이다.

이제 우리의 작업은 잠정적 결론에 도달한 듯하다. 모세가 이
집트인이었다는 우리의 가설이 입증됐든 아니든 이 가설에서 추
론해낼 수 있는 내용은 더는 없다. 모세와 출애굽에 관한 성서
기록이 먼 옛날의 전승을 고유의 목적에 맞춰 개작한 거룩한 창
작일 뿐이라고 생각하지 않는 역사가는 없을 것이다. 전승이 본
래 어떤 내용이었는지 우리는 모른다. 왜곡의 의도가 무엇인지
우리가 알아낼 수 있다면야 좋겠지만 역사적 과정을 알지 못하
기 때문에 그 의도는 여전히 불분명하다. 성서에 나오는 몇몇 영
광스러운 이야기, 이를테면 열 가지 재앙, 홍해 건너감, 시나이
산에서의 장엄한 율법 전수와 같은 이야기를 재구성할 수는 없
지만 그렇다고 난감해할 필요는 없다. 하지만 우리의 주장이 오
늘날의 객관적인 역사 연구를 통해 나온 결과물에 모순된다면
이를 묵과해선 안 된다.

마이어(Ed. Meyer)를 대표로 하는 현대의 역사가들은 아주 중
요한 점에서 성서 기록에 동조한다.[41] 이 역사가들 역시 훗날 이
스라엘 백성이 되는 유대 종족이 어느 특정 시기에 새로운 종교

---

41   Ed. 마이어 《이스라엘인과 이웃 종족들(Die Israeliten und ihre Nachbarstämme)》,
      1906)

를 받아들인 것으로 보고 있다. 그런데 이들은 이 일이 일어난 장소가 이집트나 시나이 반도의 어느 산기슭이 아닌, 므리바카데스(Meribat-Qades)라고 불리는 지방이라고 주장한다. 이 지방은 시나이 반도 동쪽 끝과 아라비아 반도 서쪽 가장자리에 위치한 팔레스타인 남부 지대로 물이 풍부한 오아시스이다. 유대인들은 이곳에서 야훼 숭배를 받아들이는데, 인근에 거주하는 아랍계 미디안으로부터 받아들였을 가능성이 크다. 아마 다른 이웃 종족들도 야훼 신의 신봉자였을 것이다.

야훼는 화산 신이었음이 분명하다. 그런데 알다시피 이집트엔 화산이 없다. 시나이 반도에 있는 산에서도 화산 작용이 발생한 적이 없었다. 그러나 아라비아의 서쪽 가장자리에 위치한 지역에는 현시대까지 활동하고 있었던 것으로 보이는 화산들이 존재한다. 그러니까 이들 산 가운데 하나가 야훼가 거주하는 곳으로 여겨졌던 시나이-호렙이었을 것이다.[42] 성서 기록이 개작에 개작을 거쳐 왔음에도 불구하고 Ed. 마이어는 야훼의 본래 성격을 다음과 같이 재구성하고 있다. "야훼는 빛을 꺼려 밤중에 돌아다니는 피에 굶주린 무시무시한 악령이다."[43]

새로운 종교가 창설되면서 모세는 신과 백성들 사이를 이어주는 중재자로 불렸다. 모세는 미디안 사제 이드로(Jethrod)의 사위로 양 떼를 돌보다가 하느님의 부름을 받았다. 또한 모세는 카

---

42 《성서》몇 군데에는 야훼가 시나이에서 므리바-카데스로 내려왔다고 기록되어 있다.

43 Ed. 마이어 38쪽, 58쪽

데스(Qades)에서 그를 방문한 이드로에게 여러 가르침을 받았다.[44]

Ed. 마이어는 유대인의 이집트 체류와 이집트인들이 겪은 재앙에 관한 이야기가 어떤 역사적 근거가 있는 이야기임을 추호도 의심한 적이 없다고 말한다.[45] 그러나 마이어는 자신이 인정하고 있는 사실을 어떻게 평가하고 반영해야 할지 모르는 것 같다. 단 할례 풍습에 관해서만은 마이어도 그 근원이 이집트임을 받아들인다. 우리가 앞에서 제기한 논증들은 그가 지적한 두 가지의 중요한 내용 덕분에 풍부해진다. 첫째, 여호수아(Josua)가 유대 백성에게 "너희가 이집트인들의 비웃음을 떨쳐내기 위해"[46] 할례를 행하라고 요구하는 내용이고, 둘째로는 헤로도토스로부터 인용한 구절로 팔레스타인의 페니키아인(유대인이 분명함)과 시리아인 스스로가 할례를 이집트인으로부터 배웠다고 인정하는 내용이다.[47] 그러나 마이어는 모세가 이집트인이라는 견해에는 동의하지 않는다. "우리가 알고 있는 모세는 카데스 사제들의 조상이다. 즉 계보학적 전설에 등장하는 숭배 인물이지 역사적 인물이 아니다. 또한 모세를 역사적 인물로 다루는 사람 가운데서 모세에게 어떤 내용을 부여하고 그를 구체적인 개인으로 묘사한다든지 혹은 그가 무엇을 이루었고 그의 역사적 업적이 무엇인지를

---

44 '출애굽기' 18장 참조: 옮긴이

45 마이어 49쪽

46 '여호수아' 5장 9절 참조: 옮긴이

47 마이어, 449쪽

제시하는 사람은 하나도 없다. 전승을 일괄적으로 역사적 사실로 받아들이는 사람들은 제외하고서 말이다."[48]

한편 마이어는 모세와 카데스와 미디안의 관계를 줄곧 강조한다. "모세의 형상은 미디안 및 광야에서의 성막[49]과 떨어질 수 없는 밀접한 관계가 있다."[50] "이러한 모세의 형상은 카데스(맛사Massa 와 므리바Meriba)와 밀접한 관계가 있는데[51] 미디안 사제와의 인척 관계가 이 사실을 뒷받침한다. 그러나 모세와 출애굽과의 연관성, 더욱이 모세의 청년 시절 이야기는 완전히 부수적인 것으로 전설을 전개하는 데 이야기가 연결되도록 모세를 삽입한 결과일 따름이다."[52] 또한 마이어는 모세의 청년 시절 이야기에 담겨 있던 여러 주제들이 뒷날 다 누락됐을 거라고 지적한다. "미디안의 모세는 이집트인도 파라오의 후손도 아닌 목자였을 뿐, 바로 이 목자 앞에 야훼가 나타난다. 이집트에 내린 열 가지 재앙 이야기에도 모세와 이집트와의 옛 관계를 언급하는 대목은 없다. 그 관계를 이 이야기에 반영하면 아주 효과적일 텐데 말이다. 그리고 이스라엘의 사내아이들을 죽이라는 명령은 완전히 잊혔다. 이집트 대탈출 때나 이집트군이 바다에 수몰될 때도

---

48 마이어, 451쪽

49 Kultusstätte 에배드리는 곳, 이스라엘 민족이 광야 생활을 할 때 이동할 수 있게 장막으로 만든 성전: 옮긴이

50 마이어, 49쪽

51 '출애굽기' 17장 7절 참조: 옮긴이

52 마이어, 72쪽

모세는 아무 역할도 하지 않는다. 이름조차 언급되지 않는다. 유년 시절에서 내세우는 영웅적인 성격이 훗날 모세에게는 전혀 없다. 그는 오로지 하느님의 사람일 뿐, 야훼로부터 초자연적인 힘을 부여받고 기적을 행하는 사람일 따름이다⋯⋯ "[53]

전승은 모세가 치료의 신으로 청동 뱀을 만들어 높이 세워두었다고 이야기한다. 이러한 카데스와 미디안(Qades, Midian)의 모세는 우리가 지금까지 추론한 모세, 마법과 주술 일체를 엄중히 단속하는 종교를 창시해낸 이집트 왕족 모세의 모습과는 전혀 다르다는 인상을 부인할 수 없다. 이집트인 모세와 미디안 모세의 서로 다른 모습은 보편적인 신 아톤과 신들의 산에 사는 악령 야훼의 상이함과 엇비슷하지 않을까 싶기도 하다. 근세 역사가들의 연구 결과에 어느 정도 믿음을 부여한다면 모세가 이집트인이라는 가설로 자으려던 실이 두 번째로 끊어지는 것을 시인하지 않을 수 없다. 그리고 이번에는 이 끊긴 실을 다시 이을 수 없을 것 같다.

5

그러나 여기에도 뜻밖의 해결책이 있다. Ed. 마이어 이후에도 모세에게서 카데스의 사제를 능가하는 모습을 찾아보고, 전승이 찬미하는 그 웅대하고 숭고한 모습을 확인하려는 노력이

---

53 마이어, 47쪽

계속 이어졌다(대표적으로 그레스만 Gressmann). 그러던 중 1922년 Ed. 셀린(Sellin)[54]이 우리의 문제에 결정적인 영향을 미치는 내용을 발견했다. 셀린은 선지자 호세아(기원전 8세기 후반)의 기록에서 종교 창시자 모세가 반항적이고 고집 센 백성들의 폭동에 죽임을 당했다는 전승의 흔적이 역력히 묻어나는 부분을 포착했다. 이와 더불어 모세가 세운 종교도 폐지되었다는 것이다. 하지만 이러한 전승은 호세아에만 국한되는 것이 아니다. 그 이후의 선지자들 대부분 기록에서도 이 전승은 되풀이되는데, 셀린에 따르면 이 전승이 메시아가 도래하리라는 기대의 토대가 된다. 바빌론 유수가 끝나면서 유대 백성 사이에는 치욕적인 죽임을 당했던 이가 죽음의 나라에서 다시 돌아와 회개하는 민족을(혹은 다른 민족까지도) 천국으로 이끌 것이라는 소망이 움트게 된다. 그러나 우리의 관심사는 이러한 소망과 훗날 한 종교 창시자가 겪는 운명과의 관계가 아니다.

물론 나는 셀린의 예언서 해석이 옳은지를 판가름할 수 있는 그런 능력은 없다. 그러나 그의 해석이 옳다면 그가 주목한 전승에 역사적 신빙성이 있다고도 볼 수 있다. 그런 것은 쉽게 지어낼 수 있는 이야기가 아니기 때문이다. 그런데 동기가 명료하지 않다. 그러나 실제로 일어난 사건이라면 그 사건을 잊으려 했던 이유는 쉽게 이해된다. 이 전승을 조목조목 다 받아들일 필요는 없다. 셀린의 견해로는 모세가 살해된 현장은 요르단 동부의 시띰

---

54 Ed. Sellin, 《모세와 모세가 이스라엘—유대 종교사에서 지니는 의의》, 1922

(Schittim)이라는 곳이다. 그러나 곰곰 생각해보면 이 지역은 받아들일 수 없는 곳임을 곧 알게 될 것이다.

그러면 이집트인 모세가 유대인들에 의해 살해되었고 그가 도입한 종교는 폐지되었다는 셸린의 가설을 빌려 생각해보자. 이 가설은, 역사 연구의 확실한 결과들과 모순되지 않으면서도 우리 방식을 계속할 수 있게 해준다. 하지만 우리는 다른 연구자들에 의존하지 않고 독자적으로 과감히 "우리 길을 걷기로" 한다. 우리의 출발점은 이집트 대탈출이다. 아마도 모세와 함께 이집트를 떠난 사람들은 상당수였을 것이다. 작은 무리였다면 대망을 품은 야심 찬 한 남자가 그토록 수고할 가치가 없었으리라. 이 이민자들은 그 수가 상당 규모로 불어날 때까지 이집트에서 살았을 가능성이 높다. 그러나 대다수 연구자들이 그리했듯이 훗날의 유대 백성 중에 이집트에서의 운명을 직접 경험한 이들은 소수에 불과했을 것이라고 충분히 가정해볼 수 있다. 다시 말해 이집트에서 다시 돌아온 부족은 훗날 이집트와 가나안 사이의 지역에서, 오랜 세월을 그곳에서 살아온 동족인 부족들과 합류했으리라는 것이다. 이 연합에 의해 생성된 이스라엘 민족은 연합의 일환으로 부족 모두에게 공통되는 새로운 종교를 받아들이게 되는데, 이것이 바로 야훼 종교이다. Ed. 마이어는 이 과정에 카데스에 살던 미디안 사람들의 영향이 작용했다고 본다. 그 후 이스라엘 민족은 가나안 진입을 시도할 만큼 강한 힘을 가지게 된다. 그런데 이 사건의 전말이 요르단 동부 지역에서 모세와 모세 종교에게 일어났던 재앙과 조화되지 않는다. 그 재앙은 부족들 간의 연합이 이루어지기 오래전에 일어났음이 틀림없다.

유대 민족은 실제로 여러 족속이 한데 모여 구성되었다. 그런데 이들 부족 간의 가장 큰 차이는 이집트에서 살았는지, 그 이후의 전 여정을 겪어냈는지 아닌지에 있다. 이 점을 고려하면 이 나라는 두 개의 부족이 합쳐져 생성되었다고 말할 수 있다. 이 사실은 단기간의 정치적 통일 이후 곧 두 나라, 이스라엘 왕국과 유다 왕국으로 나뉘는 상황과 서로 들어맞는다. 역사는 훗날 이루어진 융합을 무효로 하고 그 이전의 분열 상태로 돌아가고자 하는 복구 경향이 짙다. 알다시피 이러한 실례 중에서 가장 인상적인 것이 종교 개혁이다. 종교 개혁으로 인해 옛 로마의 속령이었던 게르마니아와 독립해 있던 게르마니아 사이의 경계선이 천 년이 넘는 세월이 흐른 뒤 다시 대두하였다. 하지만 유대 민족의 경우 옛 상황이 그대로 재현되었음을 입증하긴 어렵다. 이 시대에 관한 우리의 지식은 매우 불확실해서 북 왕국엔 토착민들이, 남 왕국엔 이집트에서 돌아온 사람들이 모여들었다고 선뜻 주장할 수 없다. 그렇지만 여기 이 분열도 그 이전의 융합과 무관해 보이진 않는다. 이집트에서 이주해 온 사람들은 토착민보다 인구수는 적었지만 문화적으론 우세했던 것으로 짐작된다. 이들은 토착민에게 없던 전승을 들여옴으로써 민족의 발전에 지대한 영향을 미쳤을 가능성이 높다.

어쩌면 전승보다 더 구체적인 다른 어떤 것이 있을 수 있다. 고대 유대의 커다란 수수께끼 중 하나는 레위인 혈통의 근원이다. 레위 부족은 이스라엘 12지파의 하나이다. 그런데 이들이 원래 어디에 살고 있었는지 또는 정복된 가나안 땅을 어느 정도 할당 받았는지를 감히 언급한 전승은 없다. 레위인들은 가장 중요한 사제 직책을 담당하고 있었지만 사제들과는 구별되었다. 레위인 이라고 해서 모두 사제는 아니었다. 레위지파는 세습적 특정 계급을 지칭하는 이름도 아니다. 우리가 세운 가설은 모세라는 인물에 대해 다음과 같은 설명을 제시한다. 이집트인 모세 같은 지체 높은 귀족이 수행원 없이 홀로 이방 민족에게 갔다는 것은 믿을 수 없는 일이다. 그는 분명 측근의 추종자를 비롯해 서기 및 하인들로 구성된 수행원 무리를 대동했을 것이다. 바로 이들이 레위인들이다. 모세가 레위인이었다는 전승의 주장은 사실에 반한 명백한 왜곡인 듯싶다. 레위인들은 모세의 추종자들이었다. 내가 앞의 글에서 언급한 사실, 즉 훗날 레위인에게만 이집트 이름들이 나타난다는 사실이 이 가설을 뒷받침해준다.[55] 이 모세 추종자들 가운데 상당수가 모세와 모세가 창시한 종교에 가해진 재앙을 피할 수 있었으리라 짐작된다. 이들은 다음 세대를 내려오면서 수적으로 증가했고 정착해 살던 지역의 민족과 융합되었을 것이다. 하지만 이들은 주인 모세에 대한 충성심을 잊지 않았고 모세를 마음속에 간직하며 그가 세운 교리의 전승을 이어온 것이다. 야훼 신봉자들과 합쳤을 당시 레위인은 문화적으로 보다 우월한 소수 집단으로 영향을 발휘했을 것이다.

---

55 이 가설은 초기 유대의 문헌에 이집트의 영향이 미쳤다는 야후다(Yahuda)의 진술과 일치한다. 참조: A. S. Yahuda, 《모세 5경 언어와 이집트 어와의 관계》, 1929

나는 잠정적으로 모세의 죽음부터 카데스에서의 종교 창설까지 두어 세대 혹은 한 세기 정도의 세월이 경과했을 것으로 가정한다. 그런데 신 이집트인들 (이집트에서 온 이들을 구별하기 위해 이렇게 부르겠다), 즉 귀환자들이 동족과 합류한 시기가 야훼 종교를 받아들인 후인지 아니면 그 전인지 판가름할 방법이 없다. 후자일 가능성이 높아 보이지만 그렇다고 결론이 달라지진 않는다. 카데스에서는 일종의 타협이 이루어졌고 모세 부족이 관여했으리라는 것은 분명하다.

　여기에서 나는 소위 표준 화석처럼 여러 번 큰 도움을 주었던 할례를 다시 증거 자료로 제시하고자 한다. 할례 풍습은 야훼 종교에서도 계율이 되었다. 이 풍습과 이집트의 관계는 불가분적이었다. 그런데 할례가 야훼 종교에 수용되었다는 사실은 성화의 상징을 포기하지 않으려던 모세 측 사람들, 혹은 그중의 레위인들과의 타협이 있었다고밖엔 생각할 수 없다. 그러니까 모세 측은 옛 종교를 보존하려는 만큼, 새로운 신과 미디안 사제들의 신에 대한 이야기를 받아들이기로 했을 것이다. 모세 측이 양보한 것은 이것만이 아닐 것이다. 우리는 앞에서 유대 의식은 신의 이름을 사용하는 데에 일종의 제한 규정을 두고 있다고 언급한 바 있다. 야훼 대신 아도나이(Adonai)라고 말해야 하는 것이다. 이 규정과 우리 문제를 서로 연결 지을 수는 있겠지만 이것은 구체적인 근거가 없는 추측이 될 뿐이다. 신의 이름에 대한 금제는 알다시피 아주 오래된 터부이다. 그런데 이 터부가 왜 하필 유대 율법에서 재현되었는지 그 이유는 알 수가 없다. 새로운 동기의 영향 아래서 그리되었을 수 있다. 이러한 금제가 한결같이 시행되었으리라고 가정할 필요는 없다. 신의 이름이 들어간 개인 이름을 짓는 데, 즉 합성 이름일 경우에 야훼 신의 이름은 자유롭게 사용되었다. (요카난 Jochanan, 예후 Jehu, 여호수아 Josua) 그러나 야훼라는 이름에는 특수한 사정이 있다. 알다시피 비판적인 성서 연구자들은 '모세 6경'[56]의 원전에 두 가지가 있다고 여긴다. 이 것들은 각각 J와 E로 표시되어 있는데, 하나는 하느님의 이름을 야훼(Jahve)로 쓰고 다른 하나는 엘로힘(Elohim)으로 쓰고 있어서이다. 아도나이가 아닌 엘로힘이지만 이 분야의 연구자인 그레스만이 지적한 내용을 유념할 필요가 있다. "서로 다른 이름이라는 것은 원래 각각 서로 다른 신이었음을 확실히 보여준다."[57]

우리는 할례 풍습이 유지된 사실을 카데스에서 종교가 창설되면서 이뤄졌던 타협의 증거로 인정했다. 이 같은 내용은 J와 E의 기록에서 엿보이는데 각각의 내용이 서로 일치해서 공통된 출처(문서나 구전)에서 유래하는 것임을 알 수 있다. 이 기록의 주도적인 경향은 새로운 신 야훼의 위대함과 권능을 나타내 보이는 데 있다. 모세 측 사람들은 이집트 대탈출의 경험을 높이 평가했고, 따라서 이집트로부터의 해방을 야훼의 은덕으로 돌려 감사해야 했다. 이 대탈출 사건은 밤엔 불기둥으로 변하는 구름 기둥 이야기를 비롯해 폭풍우가 몰아치면서 잠시 물이 갈라져 바

---

56 '모세 5경'과 '여호수아': 옮긴이

57 그레스만, I, c. 54쪽

다가 마른 땅이 되었다가 다시 물이 흘러 추격해오는 이집트 병사들을 함몰시킨 이야기로 윤색되어 화산 신의 무시무시한 위력을 보여준다. 이때 대탈출과 종교 창설 사이의 긴 시간 간격은 무시되고 이 두 사건은 시기적으로 상당히 좁혀지게 되었다. 율법 제정도 카데스에서 이루어진 것이 아니라 분화의 조짐이 보이는 하느님의 산기슭에서 이루어졌다. 하지만 이러한 묘사는 모세를 기념하는 데 심각한 손상을 초래했다. 유대 민족을 이집트에서 해방시킨 이는 인간 모세이지 화산 신이 아니었다. 따라서 이를 보상하는 의미에서 모세를 카데스, 혹은 시나이-호렙으로 옮겨 미디안 사제의 자리에 앉히게 된 것이다. 이 해법을 통해 또 하나의 부인할 수 없는 분명한 의도를 만족시키게 되는데, 이에 관해선 뒤에 가서 언급하겠다. 이런 식으로 이를테면 타협이 이뤄졌고, 미디안 산에 살던 야훼의 활동 영역은 이집트까지 확장되었다. 그리고 모세가 존재하고 활동한 영역은 카데스를 비롯해 요르단 동부 지역에까지 미치게 되었다. 이렇게 해서 훗날 모세는 미디안 사람 이드로의 사위였던 종교 창시자에 녹아들어 하나가 되었고 모세라는 이름도 붙게 된 것이다. 또 하나의 이 모세 개인에 대해 우리가 아는 것은 하나도 없다. 그는 이집트 모세에 의해 완전히 가려져 있다. 하지만 성서 기록에 나오는 모세의 성격이 한결같지 않다는 점에 유념하면 이야기는 달라진다. 모세는 종종 위압적이고 욱하는 성격을 가신, 난폭한 인물로 묘사되기도 하고 다른 한편으론 어느 누구보다도 온유하고 인내하는 인물로 이야기된다. 분명한 것은 후자의 성격이 자신의 백성들과 더불어 그토록 중대한 거사를 꾀했던 이집트인 모세에겐 잘 어울리지 않는다는 점이다. 이러한 성격은 미디안 모세가 가졌음 직한 성격일 수 있다. 나는 이제 이 두 인물을 다시 한 번 구별해 살펴보기로 하겠다. 이집트인 모세는 카데스에 간 적도 없고 야훼라는 이름을 들은 직도 없는 인물이고, 미디안 모세는 이집트 땅을 밟아본 적도 없고 아톰에 대해서도 전혀 몰랐던 인물이라고 가정해보자. 이 두 인물을 접합시키기 위해서는 이집트 모세를 미디안으로 옮겨놓아야 하는데, 전승이나 전설에 이 과제가 주어진 셈이다. 우리는 이를 설명할 수 있는 여러 근거가 있다는 것을 알고 있다.

6

나는 너무 지나친, 근거 없는 확신 속에서 이스라엘 민족의 태고사를 재구성하지 않았느냐는 비난의 소리를 다시 들을 각오가 되어 있다. 내 판단으로도 이러한 비난에 공감할 수 있는 부분이 있는 만큼 이것이 내게 큰 상처가 되진 않을 것이다. 내 가설의 구성에 약점들이 있지만 어떤 면에선 강점도 있다는 것을 잘 알고 있다. 그래서 전체적으로 보면 이 논의를 가던 방향으로 계속 이어나가는 게 좋을 것 같은 인상이 더욱 강하게 든다. 우리 앞에 놓인 성서 기록에는 값진, 참으로 귀중한 역사적 진술들이 담겨있다. 하지만 이것들은 강한 의도의 영향 아래서 왜곡되고 창작에 의해 미화되었다. 지금까지의 노력으로 우리는 의도적인 왜곡으로 의심되는 한 부분을 밝혀낼 수 있었다. 이 발굴물은 우리가 나아갈 또 하나의 길을 보여준다. 우리는 이러한 의도적 성향이 어디 있는지를 또 밝혀야 한다. 의도적인 왜곡을 인식할 수 있도록 실마리만 주어진다면 그 이면에 감춰진 참모습의 새로운 면을 드러낼 수 있을 것이다.

먼저 '모세 6경'('모세 5경'과 '여호수아', 우리의 주된 관심사이다.)의 발생사에 대한 비판적 성서 연구가들의 말을 들어보기로 하자.[58] 가장 오래된 전거 문헌의 기록자로 간주되는 J는 야훼파 성서 기록자인데, 최근 들어서 다윗 왕과 동시대 사람이었던 사제 에브야타르(Ebjatar)가 그와 동일 인물이라는 주장이 있다.[59] 얼마 후, 정확한 연대는 알 수 없으나 북 왕국 사람인 소위 엘로힘파 기록자가 투입되었다.[60] 기원전 722년 북 왕국 멸망 후 한 유대 사제가 J와 E의 기록을 합치고 자신의 기록을 덧붙여 집성한 편찬본이 JE판이다. 여기에 다섯 번째 책인 '신명기'가 추가된 것은 기원전 7세기 무렵이었고, 이것은 성전에서 완전한 형태로 발굴되었다고 한다. 성전 파괴 후(기원전 586년), 그러니까 바빌론 유수 당시와 귀향 후에 "사제 고사본"이라고 불리는 수정판이 나왔다. 최종판은 기원전 5세기에 나왔고 그 뒤론 근본적으로 바뀐

58 《브리태니커 백과사전》, 제 11판, 1910. 성서
59 참조: 아우어바흐(Auerbach)《광야와 약속의 땅》
60 1753년 아스트릭Astruc은 성서 기록자를 처음으로 야훼파와 엘로힘파로 구별
    했다.

것이 없다.[61]

다윗 왕과 다윗 시대의 역사는 동시대 사람이 기록했을 가능성이 높다. 이것은 "역사의 아버지"라고 불리는 헤로도토스를 500년 앞선 정식 역사 기록이다. 이 기록은 우리 가설에서 의미하는 이집트의 영향을 생각하면 이해하기가 쉬워진다.[62] 또한 그 옛 시대의 이스라엘인들, 다시 말해 모세의 기록자들이 최초의 알파벳 발명과 무관하지 않았겠냐는 추측이 제기되기도 했다.[63]

물론 상고 시대에 대한 보고가 얼마만큼 옛 기록에서 혹은 구비 전승에서 유래하는지, 또 개개의 경우 사건이 일어나면서 전승으로 정착되기까지 성과한 세월의 간격이 어느 정도인지는 알지 못한다. 그러나 오늘날 우리 앞에 놓인 원전은 자신의 운명에 대해서도 나름 적잖게 이야기해주고 있다. 원전에는 서로 상충하는 두 가지 방식으로 다룬 흔적이 고스란히 남아있다. 은밀

---

61 유대인의 전형이 고착된 시기는 기원전 5세기, 그러니까 바빌론 유수 직후 유대인에게 우호적이던 페르시아의 지배를 받던 때였다. 이것은 에스라와 느헤미아에 의한 개혁의 결과로 역사적으로 확인된 사실이다. 우리의 계산으론 모세가 등장하고 나서 900여년이 흐른 시점이다. 이 개혁에서 전 민족의 성별(聖別)을 목적하는 규정들이 엄격해졌고 다른 종교를 가진 이방인과의 결혼이 금지되면서 타민족과의 분리가 실시되었다. 그리고 본래의 법전인 '모세 5경'의 최종 형태가 만들어졌고 사제 고사본이라고 알려진 수정판은 완결되었다. 그러나 이 개혁에서 새로운 의도는 도입되지 않았고, 이전에 제시된 의견들을 받아들여 정착시킨 것이 확실해 보인다.

62 참고 야후다 1. C.

63 우상 금지라는 제재를 받고 있던 그들이 상형문자 식의 그림문자를 버리고 새로운 언어 표현을 위한 나름의 문자를 준비하려는 동기를 가지지 않았겠느냐는 것이다. 아우어바흐, I. c. 142쪽

한 의도에 맞춰 원문을 날조하고 삭제하거나 부풀려서 정반대의 내용으로 만들어 버리는 한편, 다른 한편으론 앞뒤가 맞든 안 맞든 상관치 않고 모든 것을 고스란히 보존하려는 관대하고 독실한 믿음이 원문을 지배하고 있다. 따라서 거의 모든 부분에서 빈틈이 보이고 거슬리는 반복과 명백한 모순이 존재한다. 이것은 알리고 싶지 않은 것들을 드러내 보이는 표시인 셈이다. 원전의 왜곡은 살인 행위와 흡사하다. 어려움은 살인 행위를 실행하는 데 있는 것이 아니라 그 흔적을 제거하는 데 있다. "왜곡"이라는 단어를 나는 두 가지 뜻으로 해석한다. 이 단어는 이중적 의미를 지니지만 오늘날 그렇게 쓰이지는 않는다. 왜곡은 겉모습을 바꾼다는 의미뿐만 아니라 다른 데로 옮긴다는 의미, 즉 위치를 바꾼다는 뜻이기도 하다. 따라서 우리는 원전이 왜곡된 많은 경우에, 은폐하고 부정하려고 했던 내용이 비록 수정되었거나 맥락에서 벗어나 있더라도 어딘가에는 숨겨져 있을 것이라고 기대할 수 있다. 그것을 알아채기가 쉽지 않겠지만 말이다.

우리가 파악하려는 왜곡의 의도는 기록 문서에 앞서 전승에 먼저 영향을 미친 것이 분명하다. 이러한 왜곡 의도가 엿보이는 내용을 하나 찾아낸 것이 있는데, 아마도 가장 강력한 일례가 되지 않을까 싶다. 카데스에서 새로운 신 야훼를 세우려면 그를 거룩한 찬미의 대상으로 만들 필요가 있었다. 좀 더 정확히 말하자면 옛 종교의 흔적들을 지워내고 그 신을 위한 공간을 마련해야 했다. 원주민 부족의 종교에서는 이 작업이 완벽한 성공을 거두었던 듯하다. 원주민 종교에 대해서는 전혀 들을 수가 없기 때문이다. 하지만 이집트에서 돌아온 귀향민의 경우에는 결코 쉬운 일이 아니었다. 그들은 이집트 대탈출을 비롯해 인간 모세 및 할례를 빼앗기고 싶지 않았을 것이다. 그들은 이집트에 살았었고 다시 그 나라를 떠나왔다. 이제 이집트 영향의 흔적을 모두 지워야 했다. 인간 모세의 경우는 그를 미디안과 카데스로 옮겨 야훼 종교의 창시자인 야훼 사제와 하나가 되게 녹여 넣었다. 하지만 이집트와의 예속 관계가 가장 뚜렷하게 보이는 할례는 보존할 수밖에 없었다. 그러나 할례가 이집트 풍습임이 명백한데도 이것과 이집트를 분리하려는 시도는 꾸준히 계속되었다. 《성서》의 '출애굽'에는 할례를 소홀히 했다는 이유로 야훼가 모세에게 화를 내고, 미디안 사람인 모세의 아내가 아들에게 재빨리 할례를 행함으로써 모세의 목숨을 구하는 장면이 나온다. 이 대목은 이해가 안 되는, 수수께끼 같은 건조한 내용으로 실상이 드러나는 것을 저지하려는 의도적인 모순으로밖엔 이해할 수 없다.[64] 불편한 증거물을 무력화시키는 또 하나의 허구에 대해 우리는 곧 듣게 될 것이다.

야훼가 유대인에게 생소한 새로운 신이었음을 단도직입적으로 부정하려는 노력이 보인다고 해서 새로운 의도가 드러났다고 볼 수는 없다. 그것은 오히려 그전부터 지속되어온 의도에 지나지 않는다. 바로 이러한 목적에서 유대 민족의 선조인 아브라함, 이삭, 야곱의 전설이 도입된 것이다. 야훼는 자신이 이 선조들의

---

64 참조: '출애굽기' 4장, 24—26; 옮긴이

하느님이었다고 언명한다. 물론 이들 선조들이 자신을 야훼라는 이름으로 섬기진 않았다고 스스로 시인해야 하는데도 말이다.[65] 그러나 선조들이 전에 섬기던 신의 이름이 무엇이었는지에 대해서는 언급이 없다.

이제 할례 관습이 이집트에서 유래한 것이라는 주장에 결정타를 입힐 기회가 주어진다. 야훼는 아브라함에게 할례를 요구했고 그것을 자신과 아브라함의 자손 간에 맺어지는 계약의 징표로 삼았다. 하지만 이것은 매우 어설픈 창작이었다. 어떤 사람을 다른 사람들과 구분하고 이들보다 더 총애한다는 의미의 징표를 선택할 때는 다른 이들에겐 없는 것을 선택하는 법이다. 수백만이 똑같은 방식으로 보여줄 수 있는 것을 선택하지는 않는다. 이집트에 사는 이스라엘 사람은 모든 이집트인을 계약의 형제, 즉 야훼 안에서의 형제로 인정할 수밖에 없었을 것이다. 그런데 성서를 쓴 이스라엘인들이 할례가 이집트에서 유래한다는 사실을 몰랐을 리가 없다. 마이어가 언급한 '여호수아'의 한 구절도 무심코 이것을 인정하고 있다. 하지만 이 구절은 반드시 부인되어야 했다.[66]

종교의 신화를 형성하는 데 논리적 일관성을 크게 바라서는 안 된다. 그렇지 않다면 백성들은 당연히 신의 태도에 반감을 느

---

65 새로운 이름이 국한되어 사용되었다는 사실은 이해되기는커녕 이상하고 의심스러울 뿐이다.

66 '여호수아' 5장 9절 "내가 오늘 너희에게서 이집트인들의 수모를 벗겼다": 옮긴이

끼게 될 것이다. 선조들과 상호 의무를 부담하는 계약까지 맺은 신이 수 세기 동안 계약 당사자인 인간을 돌아보지도 않다가 느닷없이 그 자손들에게 나타나는 셈이기 때문이다. 더욱 의아한 점은 신이 갑자기 한 민족을 "선택"해 그들이 자신의 백성이고 자신은 그들의 신이라고 선포한다는 생각이다. 이것은 인류의 종교 역사상 유일무이한 사건이다. 보통 신과 인간은 태초부터 하나가 되어 불가분의 관계를 맺는다. 가끔 한 민족이 다른 신을 섬긴다는 소리는 들어도, 신이 다른 백성을 선택한다는 것은 들은 적이 없다. 하지만 모세와 유대 민족의 관계를 생각하면 이 전무후무한 사건을 좀 더 잘 이해할 수 있을 것이다. 모세는 유대인들과 동등하게 몸을 낮추고 그들을 자신의 백성으로 만들었다. 그들은 모세의 "선택을 받은 백성"인 것이다.[67]

---

67 야훼가 화산 신이였다는 것엔 의심의 여지가 없다. 이집트 주민에게는 야훼를 숭배할 만한 어떤 동기가 없었다. 야훼라는 이름과 다른 신의 이름인 유—피테르(요비스)Ju—piter(Jovis)의 어근이 같다는 것에 놀란 이는 분명 내가 처음이 아닐 것이다. 히브리어 야훼(Jahve)의 단축 형이 합성된 이름 요카난(**Jochanan**)은 (예컨대 고트홀드Gotthold는 카르타고 이름 한니발Hannibal과 그 의미가 같다.) 요한(Johann), 존(John), 장(Jean), 후안(Juan) 식으로 유럽의 기독교 세계에서 가장 선호하는 이름이 되었다. 이탈리아 사람들은 이 이름을 조반니(Giovanni)라고 하고 요일 중 하나를 조베디(Giovedi, 목요일)라고 부른다. 이 둘의 유사성이 눈에 띄지만, 이것은 별 의미가 없을 수도 있고 아주 중요한 의미를 지닐 수도 있다. 바로 이 점에서 광범위하지만 상당히 불확실한 전망이 펼쳐진다. 역사 연구가 보여줄 수 없는 암흑의 세기에 지중해 동쪽 해안의 여러 나라에서 강력한 화산 폭발이 빈번했던 것 같고, 이것은 부근의 주민들에게 강렬한 인상을 주었을 것이다. 에반스(Evans)는 크노소스의 미노스 궁전이 완전히 붕괴된 것도 지진 때문이었을 거라고 추측한다. 당시 크레타에서는 에게 해 연안 일대의 보편적인 관습으로 보이는 모성 숭배가 성행했다. 하지만 보다 더 강력한 신의 공격을 막을 수 있는 능력이 모성 신에겐 없다는 인식이 남신에게 자리를 양보한 요인이였던 같고,

원시 아버지들을 등장시킨 것 또한 또 다른 의도 때문이었다. 원시 아버지들은 가나안에 살고 있었는데, 이들에 대한 회상은 그곳의 특정한 지역성과 밀접한 관련이 있다. 원시 아버지들은 원래 가나안의 영웅이거나 지역 신이었는데, 이주해 온 이스라엘 사람들에 의해 선사 시대의 조상으로 탈바꿈되었을 가능성이 크다. 이들을 원시 아버지로 삼음으로써 이를테면 토착 성을 주장할 수 있고, 자신들에게 붙어 다니는 이방인 정복자라는 오명도 벗을 수 있기 때문이다. 야훼 신이 조상의 옛 소유를 다시 돌려줬을 뿐이라는 그들의 말은 교묘한 전환인 셈이다.

그 후에 기록된 성서 원문에는 카데스에 대한 언급을 자제하려는 의도가 역력하다. 종교가 창시된 장소로는 하느님의 산 시나이-호렙이 최종 지정된다. 하지만 이렇게 한 동기는 불분명하다. 어쩌면 미디안으로부터 영향받은 사실을 상기하고 싶지 않아서 그랬을 수도 있다. 그러나 훗날의 왜곡, 특히 사제 고사본이 나온 시대에 행해진 왜곡에는 또 다른 의도가 있다. 이때부터는 사건에 대한 보고를 바람직한 내용으로 고쳐 쓸 필요가 없었다. 이 작업은 이미 오래전에 끝났기 때문이다. 대신 당시 시행되던 율법과 제도를 모세 시대로 되돌려서 그 근원을 대부분 모세

바로 그 자리를 확산 신이 맨 먼저 지지하게 되었을 것이다. 제우스는 아직까지도 "대지를 흔드는 신"이다. 모성 신들이 남신들로(원래는 모성 신의 아들들이었을지도 모른다) 교체된 시기는 바로 이 암흑 시대였던 것이 거의 확실하다. 특히 인상적인 것은 한 지역의 모성 신이었음이 분명한 팔라스 아테나 여신의 운명이다. 아테나는 종교가 혁신되면서 제우스의 딸로 격하되었고 친어머니마저 빼앗기게 된다. 또한 그녀에게 주어진 처녀성 때문에 늘 어머니가 되지 못했다.

의 율법 제정에 두도록 부단한 노력을 기울였다. 그래야 신성과 구속성을 주창할 수 있는 근거가 마련되기 때문이다. 이러한 식으로 과거의 모습을 변조하려고 했지만, 이 과정에 일정한 심리적 정당성이 없었던 것은 아니었다. 그것은 오랜 세월이 경과하면서, '출애굽'에서부터 '에스라'와 '느헤미야'에 의해 성서 원전이 확정되기까지 800여 년 세월 동안 야훼 종교가 원래의 모세 종교에 들어맞는 형태로, 어쩌면 동일한 형태로까지 변형되어간 사실에서 나타난다.

이것이 바로 유대 종교사의 근본적인 성과이자 숙명적인 내용이다.

7

그 이후 세대의 시인, 사제, 역사 기록자들이 다룬 유대인의 선사 시대의 모든 사건 가운데 두드러진 사건이 하나 있는데, 이 사건의 은폐 의도에는 마땅히 그럴만한 인간적인 동기가 있었다. 위대한 영도자이며 해방자인 모세가 살해당한 사건으로, 이것을 예언서에서 암시된 내용을 통해 셸린(Sellin)이 찾아낸다. 셸린의 주장이 허황하다고 말할 순 없다. 그의 주장에는 충분한 개연성이 있다. 모세는 이크나톤 종교의 유파였고, 종교 문제에서 왕과 다르지 않은 방식을 썼다. 모세는 백성들에게 자신의 믿음을 명령하고 강요했다.[68] 모세의 교리는 스승 이크나톤의 교리보다 더욱 엄격했을 수 있다. 도시 온(On)의 종파 따위는 이방 민족에게 아무 의미도 없었기에, 모세는 태양신에 의지하지 않아도 됐다. 이크나톤처럼 모세도 계몽된 전제 군주들의 예정된 운명과 맞닥뜨렸다. 모세가 이끄는 유대 백성들도 제18왕조의 이집트인들이 그랬듯이, 자신들의 욕구를 충족시켜주지 못하는 고도의 정신적 종교를 견디기가 어려웠다. 이집트에서처럼 유대인들에게도 똑같은 일이 일어났다. 속박당하는 측은 들고일어나 그들에게 지어진 종교의 짐을 벗어 던졌다. 그러나 운명이 신성한 존재인 파라오를 거둬갈 때까지 순종적인 이집트인들이 기다렸던 것과는 달리, 거친 셈족은 운명을 자신들의 손에 거머쥐고 폭군을 제거해버린 것이다.[69]

또한 우리 손에 남아 있는 성서 원문에서 모세에게 이러한 최후가 준비되어 있지 않다고 주장하기 어렵다. 모세의 통치 시절을 나타내는 "광야에서의 방랑"의 기록은 모세의 권위에 도전하는 일련의 심각한 폭동을 묘사하고 있다. 결국 야훼의 잔혹한 징계 명령에 의해 폭동은 진압되었다. 그런데 어떤 반란은 원문이 의도하는 것과는 다른 결과를 야기했으리라고 쉽게 상상할 수

---

68 당시엔 다른 식으로 영향력을 행사할 수 있는 가능성이 거의 없었다.

69 주목할 만 한 점은 수천 년에 걸친 이집트 역사에서 파라오가 폭력으로 제거되거나 살해됐다는 이야기는 거의 들을 수 없다는 것이다. 예를 들어 이것을 아시리아의 역사와 비교해보면 더욱 놀랍다. 물론 이집트 역사 기록이 전적으로 공식적 목적에 맞춰 작성된 이유에서일 수도 있다.

있다. 또한 새로운 종교에 대한 민심 이반의 이야기도 성서에 나오는데, 물론 하나의 에피소드로 등장한다. 바로 황금 송아지 이야기이다. 상징적 표현으로 이해되는 율법 석판을 깨뜨리는 행위("그는 율법을 깨뜨렸다")를 모세에게 전가하면서 이 행위의 동기를 모세 자신의 격분 탓으로 교묘하게 돌린다.

그 후 세월이 흘러 모세 살해를 한탄하고 이 사건을 잊어버리려고 애쓰는 시기가 온다. 분명 카데스에서의 합류 시점이었을 것이다. 만약에 이집트 대탈출을 오아시스에서의 종교 창설의 시기와 가까이 두고, 다른 종교 창설자 대신에 모세를 그 자리에 앉히면, 모세 측 사람들의 요구가 충족될 뿐만 아니라 모세가 폭력에 의해 제거되었다는 곤혹스러운 사실도 부정되는 셈이다. 실제로 모세가 목숨을 잃지 않았다 하더라도 카데스에서 일어난 일에 관여했을 가능성은 매우 희박하다.

여기서 이 사건들의 시간적 관계를 풀어보도록 하자. 우리는 이집트에서의 탈출 시기를 제18왕조의 몰락 이후로 보았다. 그러니까 대탈출은 이때쯤, 혹은 이보다 조금 뒤에 있던 사건일 것이다. 왜냐하면 이집트의 연대기 기록자들은, 몰락 후에 이어지는 무정부 상태를 종식하고 기원전 1315년까지 이집트를 지배한 하렘하브의 통치 기간을 무정부 상태의 기간까지 포함해 셈하기 때문이다. 이 연대 계산에 또 하나의 실마리를 제공해준 것은 이시라알(이스라엘)에 승리하고 그 나라를 초토화한 것(? 원문 물음표)을 기념해서 메르넵타(Merneptahs, 기원전 1225~1215)가 세운 석비이다. 이 식비에 새겨진 비문은 유감스럽게도 불확실한 면

이 있지만 그 당시 이스라엘 부족들은 이미 가나안에 정착해 있었다는 증거로 여겨진다.[70]

마이어는 이 석비를 통해 예전의 일반적인 가설과는 달리 메르넵타가 대탈출 당시의 파라오가 아니라는 타당한 결론을 얻어낸다. 대탈출은 그보다 앞선 시기에 이루어졌을 거라고 주장한다. 대탈출 당시 파라오가 누구였는지에 대한 물음은 무의미한 것 같다. 대탈출은 파라오가 없는 공위 기간에 일어난 사건이기 때문이다. 그러나 메르넵타-석비 발굴로도 카데스에서의 합류 및 종교 창설이 가능한 시점을 밝혀내지 못했다. 우리가 확실하게 말할 수 있는 것은 대탈출이 기원전 1350년에서 1215년 사이 어느 땐가 일어났다는 것뿐이다. 대탈출은 백여 년 세월의 초반 즈음에, 카데스 사건은 그 종반에서 그리 멀지 않은 어느 시기에 있었던 것으로 짐작한다. 그렇다면 백여 년 세월 중 대부분이 이 두 사건 가운데 있는 것으로 볼 수 있다. 모세가 살해된 뒤 귀환자들의 격앙된 분위기가 수그러들고, 모세 사람들인 레위지파의 영향력이 강해져서 카데스에서의 타협을 성사시키려면 꽤 긴 세월이 필요하다. 그러기 위해서는 적어도 두 세대, 60년 정도의 세월이 흘러야 했는데 이 시간 간격은 매우 빠듯한 셈이다. 따라서 메르넵타-석비로부터의 추정은 우리가 보기에 너무 이르다. 우리는 이 논증 구성에서 한 가정이 다른 가정을 근거로 한다는 것을 알고 있기에 이 논의에서 드러나는 구조적인 약점을 인정

---

70 Ed. 마이어, I,c, 222쪽

하지 않을 수 없다. 유감스럽게도 유대 민족의 가나안 정착과 관련된 모든 것이 모호하고 혼란스럽기 짝이 없다. 이를테면 이스라엘 석비에 새겨진 이름은 우리가 힘들여 추적하고 있는, 훗날 이스라엘 민족으로 합류하게 되는 부족들이 아니다. 아마르나 시대의 하비루(히브리인)라는 말도 이스라엘 민족을 지칭하는 용어로 동화되었을 따름이다.

부족들이 공통의 종교를 수용함으로써 하나가 되어 한 민족 공동체를 형성한 일은, 그 시기가 언제였든 세계사에서 별로 중요하지 않은 행위일 수 있다. 새 종교는 사건들의 물결에 휩쓸려 떠내려가고 야훼는 작가 플로베르의 표현처럼 떠나는 신들의 대열에 함께했을 수 있고, 야훼의 백성 가운데 앵글로색슨족이 오래도록 찾았던 10지파뿐만 아니라 12지파 모두가 "사라졌을지"도 모른다. 당시 미디안의 모세가 새로운 백성을 위해 세운 야훼 신은 여러 면에서 아주 뛰어난 존재는 아니었던 것 같다. 그는 거칠고 옹졸한 지역 신으로 폭력적이면서 잔인했다. 야훼는 추종자들에게 "젖과 꿀이 흐르는 땅"을 주기로 약속하면서 그 땅에 살고 있던 주민들을 "칼날로" 섬멸하라고 요구한다. 상당 부분 수정되었을 텐데도 놀랍게도 성서 기록에는 야훼의 본성을 보여주는 대목이 아직도 많이 남아있다. 야훼 종교가 정말 유일신교였는지, 다른 민족 신들의 신성을 부정했는지도 확실치 않다. 아마도 자신들의 신이 다른 이방신들보다 권능하리라는 사실 하나만으로 충분했을 수 있다. 그러나 이러한 단초들로부터 예상되는 것과는 달리 모든 것이 전혀 다른 양상으로 전개되는데, 그 원인은 오직 한 가지 사실에서 찾을 수 있다. 이집트인 모세는 백성들 일부에게 고도로 정신화된 신의 표상을, 온 세상을 포괄하는 유일신의 개념을 부여했다. 그는 전지전능하고 천지 만물을 사랑하는 신으로 모든 의례와 마술을 혐오하고 진리와 정의가 지배하는 인간의 삶을 최대 목표로 설정한 신이다. 아톤 종교의 윤리적인 측면에 관한 보고가 비록 완전치는 않더라도, 이크나톤이 자신을 한결같이 "살아있는 마아트(진리, 정의)"로 표현한 비명을 아무 의미가 없다고 볼 수는 없다.[71] 그 후 아마도 오래지 않아 백성들은 모세의 교리를 버리고 모세까지 제거해버렸지만 장기적으로 보면 대단한 일은 아니었다. 모세교는 전승으로 남고, 이것은 수세기에 걸쳐 서서히 영향력을 행사해오다가 모세가 성취 못 한 것에까지 영향을 미치게 되었다. 카데스 사건 이래로 유대 백성을 해방한 모세의 공로는 야훼에게로 넘겨졌고 야훼는 부당한 명예를 안은 셈이었다. 하지만 이러한 찬탈 행위에는 엄청난 대가가 따랐다. 야훼는 모세 신의 자리를 차지했지만 모세 신의 그림자는 그보다 더 강력해졌고, 이런 과정 끝에 결국은 잊혔던 모세 신이 야훼의 존재 뒤로 모습을 드러낸 것이다. 이스라엘 민족으로 하여금 온갖 운명의 시련을 극복하게 하고 오늘날까지 살아남게 한 사실이 오직 이 모세 신의 사상 덕분이었음을 의심하는 사람은 없다.

---

71 이크나톤의 찬미가는 신의 보편성과 유일성뿐만 아니라 만물에 대한 애정 어린 보살핌도 강조하는 한편, 자연에서 기쁨을 누리며 그 아름다움을 즐길 것을 권유한다. 참조 브레스티드《양심의 새벽》

야훼를 이긴 모세 신의 최종 승리에 레위지파가 관여했는지는 더는 규명할 수 없다. 모세를 섬기던 수행원이자 동향인이었던 레위지파는 카데스의 타협이 이루어졌을 당시 주인 모세에 대한 생생한 기억 속에서 그를 지지해주었다. 그로부터 수세기를 거쳐 오면서 그들은 백성들 혹은 사제 집단에 녹아들어 갔다. 사제들의 주요 업무는 의례를 발전시키고 감독하는 것 외에 성서 기록을 보존하고 그것을 자신들의 목적에 맞게 개작하는 데 있었다. 그런데 제물 의식과 의례 일체가 실제로는 옛날 모세의 교리가 무조건 배척했던 마술과 마법이 아니던가? 그러자 백성들 한가운데서 모세와 출신은 달랐지만 은밀하고 서서히 뿌리내려온 위대하고 강력한 전승의 영향을 받은 일련의 사람들이 잇따라 나타났다. 지칠 줄 모르고 모세의 옛 교리를 설파하던 예언자들이 바로 이 사람들이다. 즉 신은 제물 의식과 의례를 배척하고 오로지 믿음만을 요구하며 진리와 정의를 위한 삶("마아트")을 요구한다는 것이다. 이 예언자들의 노력은 항구적인 성공을 거두었다. 이 교리를 바탕으로 옛 믿음은 다시 세워졌고 이것은 유대교의 근간을 이루는 내용으로 자리 잡게 되었다. 비록 이 모든 것이 외부로부터, 한 위대한 이방 남자에 의해 발단된 것이긴 하지만 그러한 전승을 보존하고 그것에 목소리를 부여한 사람들을 배출해낸 유대 민족에게는 참으로 명예로운 일이 아닐 수 없다.

모세가 이집트인이라는 것을 인정하진 않지만 유대 종교사에서 지닌 모세의 의미를 같은 눈으로 본 다른 전문 연구자의 평가를 제시할 수 없었다면 나는 내 논문에 대해 자신감을 가지지 못했을 것이다. 이를테면 셀린은 이렇게 말한다.[72] "그러므로 우리는 모세 고유의 종교를, 모세가 전한 유일한 도덕적 신에 대한 믿음을 원래 소집단 사람들의 전유물로 생각할 수 있다. 우리는 애당초 공적 제례를 비롯한 사제들의 종교나 민족 신앙에서 이 소집단을 만날 수 있으리라고 기대해선 안 된다. 옛날 모세가 점화한 정신의 불꽃이 여기 번쩍 저기 번쩍 다시 섬광처럼 나타나리라는 기대밖에 할 수 없다. 모세의 사상은 사라지지 않았고 여기저기서 남모르게 신앙과 풍습에 영향을 미쳐오다가 머잖아 특별한 경험들의 영향 아래 혹은 모세의 정신에 감화된 인물들에 의해 다시 튀어나와 광범위한 대중에게 영향을 미쳤을 것이다. 고대 이스라엘 종교사는 처음부터 이런 관점에서 봐야 한다. 가나안에서 처음 5세기 동안 유대 민족이 겪은 삶의 역사 기록에서 만나는 종교를 바탕으로 모세 종교를 재구성하려는 시도는 매우 심각한 방법론적 오류이다."

볼츠의 지적은 더욱 명료하다.[73] "모세의 하늘같이 높은 업적은 어렴풋이 조금씩밖에는 이해되거나 실현되지 않았다. 그의 업적은 수세기를 지나면서 차츰차츰 사람들 마음에 스며들었고 이윽고 동질의 정신을 가진 위대한 예언자들이 고독한 인물의 유업을 이어나가게 된 것이다."

---

72 I, c. 52쪽

73 파울 볼츠,Paul Volz, 튀빙엔 1907, 64쪽

이제 이 논문을 마무리할 때가 온 것 같다. 이 논문의 유일한 의도는 이집트인 모세의 형상을 유대 역사와 연관 지어 살펴보는 데 있었다. 우리의 결과를 아주 간략한 형식으로 표현하자면 이렇다. 유대 역사의 이원성은 잘 알려져 있다. 두 무리의 백성들이 하나로 뭉쳐 한 나라를 세우고 이 나라는 두 나라로 분열된다. 성서 원전에 등장하는 신의 이름도 둘이다. 여기에 두 가지 새로운 요소가 덧붙여진다. 종교 창설에서 나타나는 두 종교이다. 첫 번째 종교는 다른 종교에 의해 밀려났다가 훗날 그 뒤에서 모습을 드러내며 승리하게 된다. 그런데 이 두 종교의 창설자 이름은 둘 다 모세로서 동일하다. 하지만 우리는 이 두 인물을 분리해야 한다. 이 모든 이원성은 첫 번째 이원성, 즉 민족의 일부가 외상으로 평가되는 체험을 겪었지만 다른 일부는 그렇지 않았다는 사실에서 야기된 필연적인 결과이다. 이외에도 언급하고 설명하고 주장할 수 있는 내용이 수두룩하다. 또 그래야만 우리의 순수한 역사 연구에 대한 관심이 정당화될 수 있을 것이다. 전승의 본질이 무엇인지, 그 특별한 위력이 어디에서 나오는지, 세계사에 미친 위대한 인물들의 개개 영향력을 부인하는 것이 왜 불가능한지, 물질적 욕구에서 유발되는 동기들만 인정하는 경우에 그것이 인간 삶이 지니는 대단한 다양성을 모독하는 것은 아닌지, 여러 사상들, 특히 종교 사상이 발휘하는, 사람과 민족들을 예속시키는 힘의 근원은 무엇인지, 이 모든 문제를 유대 역사의 특별한 예를 통해 연구하는 것은 매력적인 과제가 될 것이다. 연구를 계속한다면 내가 25년 전《토템과 터부》

에서 상술한 내용과도 맥락이 닿을 것이다. 그러나 그럴 힘이
이제 내겐 남아있는 것 같지 않다.

Ⅲ. 모세, 모세의 백성과 유일신교

III. 모세, 모세의 백성과 유일신교

제1부

미리말 I

(1938년 3월 이전에 씀)

이제 잃을 것이 거의 없거나 전혀 없는 사람이 가지는 무모함으로, 이유가 충분한 결심을 재차 깨며, 지금까지 자제해왔던 마지막 부분을《이마고》(제23권, 1, 3집)에 실은 두 편의 모세 논문에 덧붙이고자 한다. 당시 나는 그 연구를 계속할만한 힘이 없다고 단언하며 끝을 맺었다. 그 말은 물론 나이가 들어가면서 창조적인 능력이 약화되었다는 의미이기도 하지만 또 한편으론 다른 장애물을 염두에 두고 한 말이기도 했다.[74]

---

74 사람이 300세는 되어야 비로소 제대로 된 일을 이룰 수 있다는 동시대인 버나드 쇼Bernard Shaw의 견해에 나는 동조하지 않는다. 오래 산다고 해서 무엇을 이루게 되는 건 아니다. 삶의 여건의 많은 부분이 근본적으로 바뀌지 않으면 말이다.

우리는 아주 놀랄 만한 시대를 살고 있다. 놀랍게도 진보와 야만이 어우러져 동맹을 맺었다. 소비에트 러시아에선 억압에 짓눌린 1억여 명의 사람들에게 더 나은 삶의 형식을 독려하고 있다. 그들은 민중에게서 "아편"과 같은 종교를 박탈할 만큼 저돌적인가 하면 이들에게 적당량의 섹스 자유를 줄 만큼 현명하기도 했다. 하지만 대신 민중을 무참히 억압하고 사상의 자유를 추구하는 모든 가능성을 앗아갔다. 유사한 폭력 아래서 이탈리아 민족은 질서와 의무감을 가진 인간으로 양육되고 있다. 어떤 진보적 이념에 의지하지 않고도 거의 선사 시대의 야만적인 행위로 되돌아갈 수 있는 독일 민족의 경우를 보면 불안으로 짓눌린 마음이 차라리 홀가분해지는 느낌이다. 어쨌거나 오늘날 보수적인 민주주의 국가들은 문화적 진보의 수호자가 되었고 기묘하게도 다름 아닌 가톨릭교회 기관이 이 문화적 위기의 확산에 강력히 반발하고 있다. 지금껏 사상의 자유와 진리에 대한 인식의 진보에 격렬히 저항해오던 바로 그 가톨릭교회가 말이다!

우리는 여기 가톨릭 국가에서 얼마나 오래갈지는 모르겠지만 교회의 보호를 받으며 살고 있다. 그 보호 속에서 사는 동안은 교회의 적대감을 불러일으킬 수 있는 행동에 주저하지 않을 수 없다. 비겁해서 그런 것이 아니라 조심하기 때문이다. 우리가 섬기기를 경계하는 새로운 적은 우리가 화합하였던 옛날의 적보다 훨씬 위험하다. 우리가 행하는 정신분석학 연구가 로마가톨릭교회가 의심의 눈초리로 주목하는 대상임은 말할 것도 없다. 나는 이것을 옳지 않다고는 하지 않겠다. 우리의 연구 결과에서 종교가 인류의 신경증으로 환원되고 종교가 가지는 막강한 힘이 환자 개개인의 신경증적 강박현상과 똑같은 방식으로 설명된다면, 이것이 현 지배 세력의 극심한 반감을 불러일으킬 것이 뻔하다. 우리가 말하려고 하는 것은 새로운 것은 아니다. 이것은 이미 사반세기 전에 명확히 언급되었지만 그때 이후 잊혔을 따름이다. 지금 다시 이것을 거론하면서 모든 종교 창설의 전형을 통해 설명한다면 부작용이 따르지 않을 수 없다. 그러면 정신분석 활동이 금지되는 사태까지 벌어질지도 모른다. 교회는 폭력적인 압제 수단이 전혀 낯설지 않을 것이다. 낯설기는커녕 오히려 다른 곳에서 이런 방법을 쓰면 특권이라도 침해낭하는 것처럼 느낀다. 그러나 나의 긴 생애 동안 사방 곳곳을 돌던 정신분석학은 이 학문이 태어나고 자란 도시보다 더 소중한 거처를 아직 마련하지 못하고 있다.

이러한 장애, 외적인 위험 때문에 나는 모세에 관한 연구의 마지막 부분의 공개를 자제할 생각이다, 아니 자제할 것임을 알고 있다. 이 같은 불안은 나 개인을 너무 과대평가하여서 그렇다는 생각까지 하면서 이 어려움을 제거하려고도 했다. 모세와 유일신교의 근원과 관련해 내가 무엇을 쓰든 관계 기관은 별 관심이 없을지도 모른다. 하지만 나는 내 판단이 옳은지 자신이 서질 않는다. 오히려 세상 사람의 평판이 높지 않은 나에게 악의와 선정주의가 쏟아질 가능성이 더 커 보이기도 한다. 따라서 나는 이 논문을 발표하지 않을 생각이다. 하지만 그렇다고 해서 쓰지 않겠다는 이야기는 아니다. 이미 2년 전에 써놓은 글이 있으니 이

글을 손질만 해서 예전에 발표한 두 논문에 덧보태면 된다. 그렇게 미공개 상태로 남아 있다가 언젠가 편안히 빛을 보게 될 때까지, 혹은 나와 견해를 같이하며 동일한 결론에 이른 사람에게, 옛날 "그 어느 암흑 시기에 당신과 똑같이 생각한 사람이 있었다"라고 말할 수 있을 때까지 말이다.

머리말 II
(1938년 6월)

인물 모세를 다루는 이 연구 논문을 집필하는 동안 나를 짓누르던 내적 의구심 혹은 외적 장애와 같은 특별한 어려움으로 인해, 이 연구의 종결 부분인 세 번째 논문에 내용이 다른 두 개의 머리글을 달게 되었는데, 이 두 글은 서로 모순되기도 하고 심지어 서로를 상쇄하기도 한다. 짧은 기간 사이에 이 두 개의 머리글들을 썼는데, 이 기간에 저자의 외부 상황에 근본적인 변화가 있었다. 첫 번째 머리글을 쓸 당시 나는 가톨릭교회의 보호를 받으며 오스트리아에 있었고, 이 논문을 출판하면 교회의 보호를 받지 못하는 것은 아닐까, 정신분석학을 지지하는 동료나 제자들에게 작업 금지령이 내려지는 것은 아닐까 내심 두려웠다. 그러던 중 독일이 갑작스럽게 침공해왔고, 가톨릭교는 성서 용어로 말하자면 "흔들거리는 갈대"임을 보여주었다. 나의 학문적 신념뿐만 아니라 이제는 내가 속한 "인종"이 문제가 되어 박해

받는다는 사실이 확실해지자 나는 많은 친구들과 함께 어릴 적부터 78년이라는 세월 동안 살던 고향 도시를 떠났다.

아름답고 자유롭고 관대한 영국에서 나는 극진한 환대를 받았다. 이제 여기서 나는 안도의 한숨을 내쉬며 짓누르던 부담에서 벗어나 다시 말하고 쓰고 ─ 마음대로 확신에 따라 생각한다고, 거의 말 할 뻔했다 ─ 환영받는 손님으로 살고 있다. 이제 나는 과감히 내 논문의 마지막 부분을 세상에 공개하려고 한다.

외부의 방해는 더 이상 없다, 혹은 적어도 사람을 움찔하게 하는 그런 방해는 없다. 몇 주 여기서 머무는 동안 내가 온 것을 기뻐하는 지인들로부터 많은 환영 인사를 받았고, 또 거의 내 작품에 관심이 없는 생면부지의 사람들로부터, 내가 여기서 순전히 자유와 안전을 찾아 흐뭇하다는 격려 인사도 무수히 받았다. 그뿐만 아니라, 내 영혼의 구원에 관해 관심을 표명하는, 나에게 그리스도의 길을 보여주려는, 이스라엘의 미래를 이해시키려는 편지들을 이방인으로선 놀랄 정도로 빈번히 받았다.

이런 편지를 쓴 선량한 분들은 나를 잘 알지 못하는 분들일 것이다. 모세에 대한 이 논문이 번역되어 새로운 동포 사회에 알려지면, 지금 받는 많은 사람들의 호의를 적잖이 잃게 될 것으로 예상한다.

정치적 상황과 내 거주지가 바뀌었어도 내적인 어려움은 여전히 변하지 않았다. 예전과 다름없이 나는 이 논문과 마주하면 불안하다. 저자와 작품 사이에는 친밀성과 동질 의식이 있어야 하는데 내겐 그런 것이 없다. 내 결론의 올바름에 확신이 부족해서 그런 것은 아니다. 4반세기 전인 1912년에 내가 《토템과 터부》를 쓸 당시 이미 나는 확신을 얻었고 그 이후 내 확신은 더욱 견고해졌다. 그때부터 계속해서 나는 종교적 현상들은 우리에게 너무나 친숙한 개인들의 신경증적 증상의 표본에 기초해서만 이해될 수 있다고 믿어 의심치 않는다. 종교적 현상들이란 선사 시대의 인간 가족에서 일어났으나 오래전에 잊힌 중대한 사건들로의 회귀로, 이것들이 지니는 강박적 성격은 바로 이 근원에서 유래하기에, 따라서 그것들이 담고 있는 역사적 진실로부터 인간에게 영향력을 발휘해오고 있다. 나의 불확실한 마음은 여기에 제시된 유대 일신교의 예에서 이 같은 명제를 증명하는 데 성공하였는지를 자문할 때부터 시작된다. 나의 비판적인 눈으로 보면 인간 모세의 연구에서 진행한 이 논문은 흡사 발가락 하나로 균형 잡고 있는 무용가처럼 보인다. 만약 유기 신화의 분석적 해석에 도움을 받지 못해서 모세의 최후에 대한 셀린의 추정에 이를 수 없었다면, 나는 이 논문 전체를 쓰지 못했을 것이다. 어쨌든 이제 용기를 내보고자 한다.

우선 나는 모세에 관한 순수한 역사학적 연구인 두 번째 논문의 결과를 개관하고자 한다. 여기서 나는 그것들을 비판적으로 다시 다루지 않겠다. 이것들은 심리학적 논의의 전제 조건으로 논의의 출발점이고 근거 점이기 때문이다.

A. 역사적 전제

우리의 관심을 사로잡은 사건들의 역사적 배경은 다음과 같다. 제18왕조의 정복 전쟁을 통해 이집트는 전 세계적 왕국으로 부상했다. 새로운 제국주의는 어떤 종교적인 표상의 발전에, 민족 전체에서는 아니더라도 지배층과 정신적으로 활발한 상류층에서의 표상 발전에는 반영되었다. 태양신을 숭배하는 온(On, 헬리오폴리스)의 사제들의 영향 아래서, 더 이상 한 나라 한 민족에만 국한되지 않은 보편적인 신 아톤(Aton) 사상이 생겨났다. 그 영향력은 아시아로부터 자극을 빌어 강화되었을 가능성도 있었다. 그리고 젊은 아멘호테프 4세[75]가 집권하는데, 이 파라오의 최대 관심사는 아톤 신의 사상을 발전시키는 것이었다. 그에 의해 아톤교가 국교로 격상되었고 보편 신은 유일신이 되었다. 다른 신들에 대한 이야기는 모두 다 기만이고 속임수였다. 엄중하고 단호한 태도로 그는 주술적인 사고의 유혹을 일체 물리치고 특히 이집트 사람들에겐 중요하기 이를 데 없는 사후의 삶에 대한 환상도 배척한다. 놀랍게도 그는 후대의 과학적 지식을 예감이라도 하듯이, 온 지구 생명체의 근원을 태양 광선의 에너지로 인식하고, 태양을 신이 가진 권능의 상징으로 숭배한다. 그는 창조에 대한 기쁨과 마아트(진리와 정의)를 지향하는 삶을 찬양한다.

이것이 인류 역사상 최초의 유일신교로 어쩌면 인류 역사상

---

75 후에 자신의 이름을 이크나톤으로 바꾼다: 옮긴이

가장 순수한 경우였을지도 모른다. 이 유일신교의 발생에 필요했던 역사적 조건 및 심리적 조건들을 깊이 들여다보는 것이 더할 나위 없이 중요하다. 하지만 아톤 종교와 관련해 우리에게 전해지는 정보가 그리 많지 않다. 이크나톤의 뒤를 이은 무력한 후계자의 집권 아래 그가 이루었던 모든 것이 무너졌기 때문이다. 이크나톤에게 억압당했던 사제들은 그의 기념물에 복수의 분노를 터뜨렸고 아톤교는 폐지되었다. 범죄자로 낙인찍힌 파라오가 살던 궁전은 파괴되고 약탈당했다. 기원전 1350여 년 경 제18왕조는 멸망하기에 이르렀고 그 후 한동안 무정부 상태가 지속하다가, 기원전 1315년까지 이집트를 통치한 하렘하브 장군의 등장으로 이집트는 안정을 되찾았다. 이크나톤의 개혁은 잊힐 운명을 지닌 에피소드에 불과한 듯했다.

역사적으로 입증된 것은 여기까지이고 지금부터는 우리의 가설을 다시 이어가겠다. 이크나톤의 측근 중에 토트메스(Thothmes)라는 이름을 가진 사람이 있었다. 토트메스는 당시 흔한 이름이었다.[76] 그런데 그 이름이 중요한 것은 그 이름의 뒷부분이 –모세(mose)라는 사실이다. 지위도 높았고 아톤교의 신봉자이기도 했던 그는, 깊이 숙고하는 성향을 지닌 왕과는 달리 박력 있고 열정적인 인물이었다. 그에게 이크나톤의 죽음과 아톤교의 폐지는 모든 희망이 송두리째 무너지는 순간이었다. 그는 이집트에서 파문당한 자로 혹은 배반자로밖에 살 수 없는 처지였다.

---

76 예를 들어 텔–엘–아마르나에서 발굴된 작업실의 주인인 조각가 이름도 토트메스였다.

국경 지방의 총독이었을지도 모르는 이 인물은 몇 세대 전 이주해온 셈족과 접촉했을 수도 있다. 좌절감과 고독에 빠져있던 그는 이 이방인들에게 눈길을 돌려 자신의 상실감을 이들에게서 보상받고자 했다. 이들을 자신의 백성으로 삼아 자신의 이상을 실현하고자 했다. 그는 자신을 따르는 추종자들을 거느리고 이집트를 떠났고, 그 뒤에 할례를 징표로 자신의 백성들을 거룩하게 하고, 그들에게 율법을 부여하고 이집트인들이 내팽개친 아톤교의 교리를 가르쳤다. 모세라는 인물이 유대 백성을 위해 세운 규정들은 그의 주인이자 스승인 이크나톤이 세운 규정들보다 더 엄격했을지도 모른다. 아마도 모세는 이크나톤이 고집했던 온의 태양신과의 관련성도 포기했을 거다.

이집트 대탈출은 기원전 1350년 후 공위 기간에 일어난 사건으로 봐야 한다. 이때부터 가나안 땅을 정복하기까지의 기간은 매우 불투명하다. 성서 기록이 남기거나, 창작했다고 생각할 수 있는 이 암흑의 시대로부터 오늘날의 역사 연구는 두 가지 사실을 끄집어냈다. E. 셀린이 발견한 첫 번째 사실로는 유대인들은 성서에서 말하듯 율법 제정자이자 자신들의 영도자인 모세에게 순종하지 않고 반항적인 태도를 보이다가 마침내 모세에게 반기를 들고, 모세를 죽이고, 이집트인들이 예전에 그랬듯이 강요당했던 아톤교를 내팽개쳤다는 것이다. Ed. 마이어에 의해 입증된 두 번째 사실로는 이집트에서 다시 돌아온 이 유대인들은 훗날 팔레스타인과 시나이 반도, 아라비아 사이에 물이 풍부한 카데스 지역에서 가까운 혈연관계의 부족들과 합류하게 되었고, 이곳에서 아라비아반도의 미디안 사람들의 영향을 받아 화산 신 야훼를 숭배하는 새로운 종교를 받아들였다. 그리고 얼마 지나지 않아 정복자로서 가나안 땅으로 쳐들어갔다는 것이다.

그런데 이 두 사건의 서로의 시간적 관련성과 이집트 대탈출과의 관련성은 매우 모호하다. 가장 가까운 역사적 실마리가 되는 것은 파라오 메르네프타(기원전 1215년까지)의 석비이다. 이 석비는 시리아와 팔레스타인에서의 출정 기록에 피정복민 중 "이스라엘"을 언급하고 있다. 이 석비의 연대를 최종 시점(terminus ad quem)으로 본다면 대탈출부터 일련의 사건까지 걸린 총 경과 시간은 대략 한 세기(기원전 1350부터 1215까지)이다. 하지만 아직은 이스라엘이란 이름이 우리가 추적하는 운명의 주인공인 부족이 아닐 수도 있다. 따라서 우리의 추정보다 실제로는 더 긴 기간이 었을지도 모르는 일이다. 훗날 유대 민족이 가나안에 정착하게 된 것은 급격한 정복으로 단숨에 이루어진 결과가 아니라 오랜 기간에 걸친 파상적 공세의 결과임이 분명하다. 우리가 메르네프타 석비에 의힌 제한을 떨쳐버리면 모세의 시대를 한 세대(30년)로 쉽게 간주할 수 있다.[77] 그리고 카데스에서의 합류까지는 적어도 두 세대나 그 이상의 세월이 경과했을 것이다.[78]

카데스 합류부터 가나안으로 출발하기까지의 기간은 길지 않

---

77 이는 성서에 기록된 광야에서의 40년간의 여정과도 일치한다.

78 그러니까 대략 기원전 1350년(혹은 1340년)부터 1320년(혹은1310년)까지를 모세의 시대로, 카데스 합류는 기원전 1260년 아니면 좀 후로, 메르네프타 석비는 기원전 1215년 전으로 봐야할 것이다.

았을 것이다. 마지막 논문에서 지적했듯 유대 전승은 대탈출부터 카데스에서 종교 창설까지의 시간 간격을 짧게 잡을 타당한 이유가 있었다. 우리가 주목하는 부분은 그 반대 경우이다.

그러나 이 모든 것은 아직 이야기일 뿐, 우리의 부족한 역사적 지식의 틈을 채우려는 시도이고 부분적으론 《이마고》에 실린 두 번째 논문을 반복한 것에 지나지 않는다. 우리의 관심사는 유대인들의 반란으로 인해 표면적으론 끝난 것처럼 보이는 모세와 모세의 교리가 겪어야 했던 운명이다. 기원전 1천년 즈음에 이전의 기록을 토대로 작성된 것이 분명한 야훼 신봉자의 기록에서 우리는 가데스에서의 합류와 종교 창설은 당시 뚜렷이 구별되던 두 집단 간의 타협임을 알게 되었다. 한쪽 집단에서는 야훼 신의 새롭고 낯선 모습을 거부하고 백성들의 순종을 요구하는 데에만 관심을 두었고, 다른 편에선 영도자 모세의 위대한 모습과 그들에게 너무나 소중한, 이집트로부터의 해방의 기억들을 포기하려 하지 않았다. 실제로 선사 시대를 새로 기술하면서 해방 사실과 인간 모세를 다루는 한편, 적어도 모세교의 외적 표징인 할례를 그대로 유지하는 데 성공했고, 또한 새로운 신의 이름을 일정 정도 국한하여 사용하도록 했을 수도 있다. 앞서 말했듯 이 같은 주장을 내세웠던 사람들은 모세 추종자들의 후손들, 즉 레위지파 사람들이다. 그들은 모세와 동시대인들 그리고 동포로부터 불과 몇 세대 밑이었고, 모세를 여전히 생생하게 기억했다. 훗날 그들과 겨루었던 엘로힘파와 야훼파의 집필로 간주되고 시적 미화가 두드러진 표현들은 모세교의 본질, 위대한 인물에게 가해진 살해와 같은 초기 사실과 관련된 진실을 후세대가 알지 못하도록 영원히 잠재우려는 묘지 건축물을 방불케 한다. 만약 우리의 추정이 옳다면 이 사건은 이해하기가 어렵지 않다. 그렇지만 이것은 유대 민족사에서 모세 에피소드를 끝내는 결정적 결말을 의미할 수도 있었다.

그런데 이상하게도 그런 일은 일어나지 않았다. 이 민족의 체험은 훗날에야 비로소 대단한 영향력을 발휘하며 모습을 드러냈고, 이것은 수세기를 내려오면서 차츰차츰 현실 속으로 스며들었다. 야훼가 성격 면에선 주변의 민족 신이나 부족 신들과 크게 달랐던 것 같지는 않다. 민족들 서로 간에 분쟁이 있었듯이 야훼 역시 그들 신들과 힘을 겨루었다. 그러나 그 당시 야훼 숭배자가 가나안, 모압, 아말렉 같은 민족들의 존재를 부정하지 않았던 것처럼 이들이 믿는 신들의 존재 역시 부정할 생각을 하지 못했으리라고 본다.

이크나톤과 더불어 섬광처럼 치솟았던 유일신교 사상은 다시 그 빛을 잃고 오랜 세월 어둠 속에 묻혔다. 나일 강의 카타라트 제1 폭포 가까운 곳에 있는 엘레판티네 섬에서 발굴된 유물들에서 유대인 수비대가 수 세기 전부터 그곳에 정착했고, 그들이 주신(主神) 야후(Jahu) 옆에다 두 여신을 신전에 모셔놓고 숭배했다는 놀라운 사실을 알려주었다. 두 여신 가운데 하나는 아나트-야후(Anat-Jahu)라고 불렸다. 모국과 동떨어져 살았던 이 유대인들이 모국에서 진행된 종교 발전과 함께하지 못한 것은 당연하다. 예루살렘의 새로운 예배 규정이 이들에게 전해진 것은 페르시아제국 정부(기원전 5세기)에 의해서였다.[79] 그 이전 시대로 거슬러 올라가 보면 야훼 신은 모세 신과 닮은 데가 없다. 아톤은 지상의 대리인이자 전형이기도 했던 파라오 이크나톤처럼 평화주의자였다. 이크나톤은 선조들이 이룩한 전 세계적 왕국의 몰락을 속수무책 바라보았다. 폭력으로 새로운 거주지를 장악하려던 민족에겐 야훼가 훨씬 적합했을 터이다. 그리고 모세 신이 지닌 숭배할만한 모든 요소는 단순한 대중의 이해를 벗어나는 것이기도 했다.

이미 언급했듯 — 나는 이 과정에서 다른 학자들과의 의견 일치를 증거로 삼았다 — 유대 종교의 발전에서 주요한 사실은 세월이 흐르면서 야훼 신이 자신만의 특성을 상실하고 점점 모세의 옛 신, 아톤을 닮아간 점이다. 언뜻 처음 보기에 중요한 차이들이 남아있는데, 하지만 이것은 쉽게 해명할 수 있는 차이이다. 아톤은 이집트에서 안전한 소유를 보장받고 행복을 누리던 시절에 군림하였다. 제국이 흔들거릴 때도 아톤의 숭배자들은 세속적인 문제에서 벗어날 수 있었고 신의 창조를 끊임없이 찬양하고 기쁨으로 받아들였다.

유대 민족에게 운명은 일련의 가혹한 시험과 고통스러운 시련을 안겨주었고 이들의 신은 거칠고 엄격하고 음울해졌다. 신은 모든 나라와 민족을 주재하는 보편적 신의 성격을 그대로 유지하였다. 그렇지만 신을 섬기는 숭배자가 이집트인에서 유대인

---

79 아우어바흐,《광야와 약속의 땅》, 제2권, 1936

들로 바뀌었다는 이 사실은, 유대인들은 신이 선택한 민족이라는 교리, 자신들의 특별한 의무는 결국 특별한 보상을 받을 거라는 추가 내용에서 알 수 있다. 다른 민족보다 자신들이 전지전능한 신에 의해 총애를 받는 민족이라는 믿음과 자신들의 슬픈 운명의 지독한 체험을 융합하는 것은 이 민족에게 결코 쉬운 일이 아니었을 것이다. 그러나 이들은 의심하며 괴로워하지 않았고 자신들의 죄책감을 강화함으로써 신에 대한 의구심을 억눌렀다. 어쩌면 믿음 깊은 사람들이 오늘날까지도 그러듯 결국은 "불가해한 신의 섭리"로 돌렸는지도 모른다. 이상하게 여겨질 수 있지만, 신은 아시리아인, 바빌로니아인, 페르시아인 같은 무법자를 거듭 새로이 등장시켜 유대인들에게 복종과 학대의 굴레를 씌웠지만, 결국은 사악한 원수들이 패배를 당해 사라졌다는 이 사실에서 신의 권능을 깨닫게 된다.

세 가지 중요한 점에서 훗날 유대인들의 신은 결국 옛 모세신으로 돌아간다. 첫 번째이자 중요한 점은 이 신이 실제 유일무이한 신으로 인정받았다는 사실이다. 모든 백성은 이크나톤의 유일신교를 진지하게 받아들였고 이 유일신 사상에 전적으로 매달렸다. 이 사상은 이들 정신생활의 핵심이 되었고 백성들은 그밖의 다른 것엔 관심을 기울이지 않았다. 이 점에선 백성들과 백성 사이에서 지배적인 위치를 차지하게 된 사제 계급의 의견이 일치했다. 하지만 오직 신에 대한 숭배 의식을 강화하는 데 전력을 다한 사제들은, 모세의 두 가지 교리의 부활을 염원하는 백성들의 강력한 조류에 역행하는 처지에 놓이게 되었다. 선지자들의 목소리는 신이 의식과 제단 쌓기를 혐오하고 백성들에게서 오직 믿음 그리고 진실과 정의의 삶만을 요구한다고 끊임없이 전했다. 광야에서의 소박하고 경건한 삶을 찬양하는 선지자들은 분명 모세의 이상이 발휘하는 영향 아래 있었을 것이다.

이제 유대 신을 표상하는 최종 형성 단계에서 모세의 영향을 고려해야 할 필요가 있는지, 아니면 수세기에 걸친 문화생활 동안 자발적인 발전을 통해 고도의 정신성에 이른 것으로 추정해야 하는지, 물음을 제기할 때가 되었다. 이 물음에 대한 해명이 우리의 모든 추측을 종결지어줄 것 같은데, 여기에는 두 가지 언급할 점이 있다. 첫째, 이 해명으로 해명되는 것이 없다는 점이다. 의심할 나위 없이 뛰어난 재능을 가진 그리스 민족의 경우, 상황은 똑같았어도 유일신교에 이르지는 않았다. 대신 다신 종교가 느슨해지면서 철학적 사유가 시작되었다. 이집트의 유일신교는 우리가 아는 바로는 제국주의가 낳은 부산물이었다. 신은 세계 대제국의 절대 권력자였던 파라오를 반영하는 존재였다. 정치적 상황에서 볼 때 배타적인 민족 신의 관념에서 보편적인 세계 지배자의 관념으로 발전시키기에 유대인들의 입장은 매우 불리했다. 작고 무력하기 이를 데 없는 민족이 위대한 창조주의 총애와 사랑을 받는 자녀로 자처하는 이 같은 오만한 행위의 근거는 어디서 나오는 것일까? 유대인들이 신봉하는 유일신교의 유래에 대한 물음에는 답이 없다. 어쩌면 우리가 흔히 듣는, 이 민족의 특별한 종교적 천재성이 여기서 드러난다는 대답으로 만족해야 할지도 모른다. 알다시피 천재라는 개념은 이해할 수 없는, 무책임한 개념이 아닌가. 따라서 다른 설명 수단이 모두 실패하기 전까진 섣부르게 설명하지 말아야 한다.[80][81]

이 밖에도 유대인의 보고나 역사 기록이 우리에게 길을 가르쳐주기도 하는데, 이것들에서 이 경우만큼 모순되는 일 없이 유일신 사상이 모세에 의해 백성들에게 전해졌다는 주장을 매우 단호한 태도로 일관하고 있다. 이 확언의 신빙성에 이의가 있다면, 원전에 대한 사제들의 수정본이 모세에 지나치게 편향되어 있다는 사실이다. 전례 규칙 같은 규정들도 후에 생긴 것이 틀림없는데, 모세의 계명으로 인정되고 있는 이유는 이 제도에 권위를 부여하려는 명백한 의도에서이다. 이것은 분명 우리에게 의혹의 여지를 제공하지만 아니라고 부인할 마땅한 근거가 없다. 이런 지나친 과장이 깊은 동기에서 시작된 것이 분명하기 때문이다. 사제들의 기록은 자신들이 살던 시대와 모세가 살던 아득한 옛 시대 사이에 연속성을 부여하고자 했다. 사제들은 바로 우리가 유대 종교사에서 가장 주목할 만한 사실로 지적한 부분, 즉 모세의 율법 제정과 훗날의 유대교 사이에 존재하는 간극이 처음에는 야훼 숭배를 통해 메워졌다가 후에는 서서히 그 흔적이 사라진 사실을 부인하고자 했다. 이것은 의심의 여지가 없는 역사적 진실임에도 불구하고 사제들의 기록은 모든 수단을 동원해 이 사건을 반박한다. 성서 원문에 대한 특별한 수정 작업은

---

80 이 말은 스트래퍼드의 윌리엄 셰익스피어의 이상한 경우에도 적용된다.

81 셰익스피어가 당대 다른 인물의 필명이라는, 그의 정체를 둘러싼 구구한 추측들이 있다: 옮긴이

이 사건을 입증할 수 있는 진술을 무수히 남겼다. 여기서 사제들은 의도적인 왜곡을 통해 새로운 신 야훼를 선조들의 신으로 세운 것과 유사하게 수정 작업을 시도했다. 사제 사본(Pristerkodex)이 만들어진 동기를 고려한다면 모세가 실제로 유대 백성에게 유일신 사상을 부여했다는 주장을 물리치기가 어렵다. 모세의 유일신 사상이 어디서 왔는지, 유대 사제들이 알지 못했던 사실에 대해 우리가 말할 수 있다면 이 주장에 동의하기가 더욱 쉬울 법하다.

그렇다면 여기서 유대인의 유일신교가 이집트에서 유래했다는 주장으로 우리가 얻는 것이 무엇이냐는 질문이 던져질 수 있다. 문제의 위치만 약간 달라질 뿐, 우리가 유일신 사상의 발생에 대해 더 알 수 있다는 것은 아니다. 답변은 이렇다. 이것은 이익의 문제가 아니라 연구의 문제이다. 실제 과정을 알게 되면 무엇인가를 배울 수 있지 않겠는가.

B 잠복기와 선승

유일신 사상 및 모든 주술적 의례에 대한 거부와 신의 이름으로 강조되는 윤리적 요구가 실제로 모세의 교리임을 나는 확신한다. 모세의 교리는 처음엔 주목받지 못하다가 오랜 세월이 흐른 뒤에야 영향을 발휘하고 마침내 영구히 정착되었다. 그렇다면 이렇게 늦게 영향을 발휘한 현상을 어떻게 설명해야 하고, 이와 유사한 현상들을 어디에서 볼 수 있을까?

생각건대 이러한 현상들은 매우 다양한 분야에서 드물지 않게 볼 수 있고, 다소 알기 쉬운 여러 모습을 하고 나타난다. 예를 들어 다윈의 진화론 같은 새로운 과학적 이론의 운명을 생각해보자. 처음에 진화론은 거센 반대에 부딪혔고 수십 년 동안 논란이 분분했지만 한 세대가 채 지나지 않아 진리를 향한 큰 발전으로 인정받았다. 다윈은 웨스트민스터 사원에 묻히고 기념비가 세워지는 영예를 누리게 되었다. 이런 경우, 캐내고 말고 할 내막이 별로 없다. 새로운 진리는 격정적인 저항들을 불러일으킨다. 이러한 저항들은 달갑지 않은 이론을 지지하는 증거에 반대하는 논증에 의해서 지속할 수 있다. 이러한 논쟁은 상당 기간 지속한다. 지지하는 사람과 반대하는 사람은 처음부터 있기 마련이다. 지지자의 수와 비중은 차차 늘어나고 결국엔 우위를 차지하게 된다. 논쟁이 계속되는 동안에 문제가 무엇인지 잊는 사람은 절대 없다. 상당한 시간이 이렇게 전 과정에 소요되어도 우리는 놀라지 않는다. 이것이 군중 심리의 전개 과정과 관련된 문제라는 것을 우리는 충분히 인식하지 못하는 것 같다.

이러한 과정과 완전히 일치하는 현상을 한 개인의 정신생활에서 어렵지 않게 볼 수 있다. 어떤 사람이 확실한 증거를 근거로 새로운 것을 경험하고 이것이 진리임을 인정할 수밖에 없는 경우가 있다고 생각해 보자. 그런데 이 새로운 것이 자신이 바라는 것과 상당 부분 모순되고, 자신의 소중한 확신을 비웃는다. 그렇지만 그는 이 새로운 것에 의혹을 제기할 수 있는 근거를 찾으려고 선뜻 나서지 않을 것이다. 그는 한동안 자기 자신과 싸우다가 마침내 이렇게 토로할 것이다. "받아들이기가 쉽지 않고 믿어야 한다는 것이 곤혹스럽지만 사실인데 어쩌겠는가." 우리가 여기에서 알 수 있는 것은 강력한 격정적 감정이 촉발되면서 생기는 이의를 자아의 지적 작업이 극복하는 데에 시간이 걸린다는 점이다. 이 경우가 우리가 설명하려는 경우와 크게 다르지 않다.

우리가 다음에 다룰 예와 우리의 문제에는 공통점이 훨씬 적어 보인다. 예를 들어 어떤 사람이 열차 충돌과 같은 끔찍한 사고를 겪고서 외관상 피해 없이 그 장소를 빠져나왔다고 하자. 그러나 몇 주 지나 그에게는 사고 당시 받았던 충격이나 그 밖의 다른 원인으로 인해 일련의 심각한 심적 증상과 운동성 증상이 나타난다. 이 사람은 "외상성 신경증"이 있는 사람이다. 이것은 전혀 이해가 가지 않는, 말하자면 새로운 사실이다. 우리는 사고 시점부터 첫 증상이 나타나기까지 경과한 시간을 전염 병리학에서 따와 "잠복기"라고 부른다. 지금 생각해보면 외상성 신경증의 문제와 유대 유일신교의 문제, 이 둘 사이에는 근본적인 차이가 있으면서도 하나의 공통점이 있다. 즉 잠복 상태라고 할 수 있는 공통적인 특징이다. 우리의 확실한 가설에 따르면 유대 종교사에서 모세교 퇴출 이후 오랫동안 유일신교 사상의 흔적, 의례를 거부했다거나 윤리가 지나치게 강조된 흔적은 전혀 나타나지 않는다. 그렇기 때문에 우리는 문제 해결의 가능성을 특별한 심리적 상황에서 찾아야 한다.

우리는 후대에 새로운 종교를 수용하고자 두 집단의 유대 백성이 카데스에서 모여 회합을 가졌던 일을 거듭 서술한 바 있다. 대탈출과 모세의 모습에 대한 기억이 여전히 강렬하고 생생했던 이집트에서 온 백성들 쪽은 지나간 시대를 기록에 포함할 것을 요구했다. 어쩌면 이들은 모세를 직접 알았던 사람들의 후손이었을지도 모르고, 이 가운데에는 이집트 이름을 가진, 아직 자신을 이집트인으로 생각하는 사람들도 있었을 것이다. 그렇지만 이들에겐 자신들의 영도자이자 율법 제정자에게 닥쳤던 운명에 대한 기억을 "억압하려는" 동기가 충분히 있었다. 다른 쪽 백성들에게 중요했던 것은 새로운 신을 찬미하고 이방성을 부정하는 것이었다. 양쪽의 공통된 관심사는 그들이 섬겼던 옛 종교의 존재와 종교의 내용을 부인하는 문제였다. 이렇게 첫 타협이 이루어졌고 이것이 곧 문서 기록으로 남게 되었을 것이다. 이집트에서 나온 사람들이 문자를 가져왔고 역사를 기록하고자 하는 의욕도 이들에게 있었을 것이다. 그러나 역사를 기록하는 데 요구되는 엄격한 진실성을 깨닫기에는 더욱 오랜 세월이 지나야 했다. 처음에는 왜곡의 개념이 아예 없는 듯 아무 거리낌 없이 그때그때의 필요와 목적에 맞춰 기록하는 식의 보고였다. 이러한 상황 탓에 동일한 자료라도 문서로 기록된 것과 말로 전해 내려온 것, 즉 구비 전승은 다를 수가 있다. 기록에서 누락되거나 수정된 내용들은 구비 전승에 고스란히 남아있을 수 있다. 구비 전승은 역사 기록을 보완해주기도 하지만 동시에 이와 대립하기도 한다. 전승은 왜곡 의도의 영향을 덜 받은 편이고 어떤 부분에선 그 영향을 전혀 받지 않았을 수도 있다. 따라서 문서에 기록된 보고보다 더 진실할 수도 있다. 하지만 전승은 변화무쌍하고 불확실해서 기록과 비교하면 신뢰성이 떨어진다. 한 세대에서 다음 세대로 말로 전해 내려오기 때문에 많이 변질하고 훼손되기에 십상이다. 이러한 구비 전승은 다양한 종류의 운명에 처할 수 있다. 가장 먼저 예상되는 것은 구비 전승이 기록에 의해 제압당함으로써 존재감을 잃고 점점 희미해지다가 결국은 잊히게 되는 경우이다. 물론 다른 운명을 맞을 수도 있다. 전승 내용이 문서에 기록되는 경우도 있다. 또 다른 운명에 대해선 앞으로 차차 다루게 될 것이다.

우리가 다루려는 유대 종교사의 잠복기 현상이 소위 공식적인 역사 기록에서 의도적으로 부인되었던 사실과 내용들이 실제론 사라지지 않았다는 것을 설명한다. 이것들은 민간전승을 통해 전해져 내려오고 있다. 공식적인 내용과는 판이하게 다르고, 진실에 훨씬 더 가까운 모세의 최후에 대한 전승도 존재한다고 셀린은 확언한다. 모세의 최후와 함께 몰락한 듯 보이는 것들과 모세 동시대의 사람들 대다수가 받아들이기 어려웠던 모세교의 여러 다른 내용들도 마찬가지였을 것이라고 추정할 수 있다.

그런데 우리는 주목할 만한 사실에 직면하게 된다. 이러한 구비 전승이 시간이 흐르면서 약화되기는커녕 수세기에 걸쳐 내려오면서 점점 더 강한 힘을 발휘하는 것이다. 그래서 추후에 작성된 공식적인 보고 기록에까지 스며들어 마침내는 그 민족의 사상과 행동에 결정적인 영향을 미칠 만큼 막강한 힘을 발휘하였다는 사실이다. 그렇지만, 이 같은 결과를 초래한 요인이 무엇인지 우리는 아직 알지 못한다.

이 사실은 참으로 이상해서 한 번 더 짚고 넘어가려고 한다. 우리의 문제도 거기에 들어있기 때문이다. 유대 민족은 모세가 가져온 아톤교를 버리고 주변 민족들이 섬기던 바알 신[82]과 다를 바 없는 다른 신을 숭배하기에 이르렀다. 훗날 온갖 의도적인 노력에도 불구하고 이 부끄러운 사실을 숨기지 못했다. 하지만 모세교가 흔적 없이 사라진 것은 아니었다. 이것은 모호하고 왜곡된 전승의 형태로 기억에 남아있었다. 이 장대한 과거의 전승은 배후에서 계속 영향을 발휘하며 사람들의 정신세계를 서서히 장악하기에 이르렀고 마침내 야훼를 모세의 신으로 바꿔 수 세기 전에 도입되었다가 사라진 모세교를 다시 부활시키는 데 성공했다. 실종된 구비 전승이 한 민족의 정신생활에 이토록 막강한 영향력을 행사할 수 있었다는 생각이 우리에겐 생소하게 다가온다. 이것이 우리가 잘 모르는 바로 군중심리학의 영역에 속한 문제이기 때문이다. 영역은 다르지만 유추 현상들, 적어도 유사한 성격을 가진 것들을 우리는 찾고자 한다. 이러한 유례를 찾기는 어렵지 않을 것이다.

유대인들이 모세교로의 회귀를 준비하던 즈음, 그리스 민족은 숱한 가문의 전설과 영웅 신화로 넘쳐나는 보고를 소유하고

---

82 Baalim, 고대 동방 여러 나라의 최고의 신으로 토지의 비옥함과 생물의 번식을 주재하는 신: 옮긴이

있었다. 기원전 9세기나 8세기 무렵에 쓰인 것으로 추정되는 호메로스의 두 서사시는 이러한 전설의 영역에서 소재를 가져왔다. 오늘날의 심리학적 통찰이 가능했다면 슐리만(Schliemann)과 에반스(Evans)보다 훨씬 오래전에 다음과 같은 의문이 제기될 수 있었을 거다. 호메로스를 비롯한 아티카의 위대한 극작가들이 빚어낸 걸작의 바탕이 되는 전설의 소재를 그리스인들은 모두 어디에서 가져왔을까? 이 물음에 대한 답은 이렇다. 이 민족은 아마도 선사 시대에 외형적인 화려함의 시기와 문화적 번영의 시기가 있었을 것이다. 하지만 이것은 역사적인 재앙에 의해 몰락했고, 바로 이 시기가 모호한 전설로 전승되어온 것이리라. 이 추측은 오늘날 고고학적 연구를 통해 입증되었지만, 당시에는 과도한 생각으로 여겨졌을 것이 분명하다. 오늘날의 고고학은 찬란했던 미노스-미케네 문화의 유물을 발굴했다. 이것은 그리스 본토에서 이미 기원전 1250년 전에 몰락한 것으로 추정되는 문화이다. 훗날의 그리스 역사가들은 이와 관련해 어떠한 암시도 남기지 않았다. 크레타인들이 제해권을 장악한 때가 있었다는 것, 그리고 미노스 왕의 이름과 미궁의 궁전에 대한 언급이 한 번 있을 뿐이다. 이것이 전부이고 시인들의 영감을 불러일으킨 구비 전승 외에는 남은 것은 아무것도 없었다.

독일인, 인도인, 핀란드인과 같은 다른 민족의 서사시도 세상에 알려지게 되었다. 이들 서사시의 성립 조건이 그리스 경우와 동일한지에 대한 연구는 문학사가들이 해야 할 몫이다. 이 연구는 긍정적인 결과를 가져다줄 것으로 생각된다. 우리가 아는 조건이란 이렇다. 선사 시대의 한 단편은 바로 다음 시대엔 풍부한 내용에 심오하고 웅대한 모습으로, 아마도 항상 영웅적인 색채를 띤 채 나타나지만 오랜 세월을 두고 아득히 먼 후대에 이르러서는 모호하고 불완전한 구비 전승으로 전해질 따름이다. 놀라운 것은 후 시대에 이르러 예술 장르로서의 서사시가 소멸한 사실이다. 성립 조건이 더 이상 이루어지지 않아서 소멸하였다고 설명할 수도 있다. 해묵은 소재는 충분히 다뤄졌고 그 뒤에 일어난 사건들에 있어서는 역사 기록이 구비 전승의 자리를 대신한다. 오늘날에는 아무리 위대한 영웅적 행위라도 서사시적 창작에 영감을 주지 못한다. 자신의 호메로스를 찾지 못할 것이라는 알렉산드로스 대왕의 탄식이 당연한 셈이다.

아득한 옛 시대에는 사람의 상상력을 자극하는 대단하고, 때로는 신비스럽기도 한 매력이 있다. 사람들은 현실에 만족하지 못할 때마다 — 이것은 자주 일어나는 일이다 — 과거를 돌아보며 영원히 사라지지 않는 황금시대에 대한 꿈이 진실임을 증명하고 싶어 한다.[83] 사람들은 아직도 유년 시절의 마력에 사로잡혀있는 듯 보인다. 한쪽으로 치우친 기억 속에서 그들에게 유년 시절이란 온전히 행복한 시절로 비치기 때문일 것이다. 우리가 구비 전승이라고 부르는, 불완전하고 흐릿한 기억 속에서만 존재하는 과거는 예술가에게 특별히 매력적이다. 왜냐하면 그는

---

83 매콜리(Macaulay)의 《고대 로마의 노래(Lays of Ancient Rome)》도 이런 상황에 기초하고 있다. 여기서 그는 음유 시인이 되어 당대의 혼란한 당쟁을 슬퍼하면서 사람들에게 선조들의 희생정신, 단결, 애국심에 대한 노래를 들려준다.

자신의 상상력을 마음껏 발휘해 기억의 여백을 채움으로써 재현하고자 하는 시대상을 원하는 대로 그려낼 수 있기 때문이다. 구비 전승이 모호할수록 시인에겐 그만큼 더 유용해진다고 말해도 무리가 아닐 것이다. 그러므로 문학 작품에서 구비 전승이 가지는 중요성에 놀랄 필요는 없다. 유대 민족의 경우 서사시의 성립 조건과 유사한 현상이 존재하는데, 이것은 야훼 숭배를 옛 모세 종교로 바꾼 요인이 모세에 관한 구비 전승이었다는 석연치 않은 가설에 우리를 주목하게 한다. 하지만 이 점만 빼고는 두 경우가 현격히 다르다. 그리스 경우는 결과가 서사시이지만 여기서는 종교이다. 후자의 경우 우리는 종교가 구비 전승에 자극을 받아 충실하게 재생산된 것으로 가정했다. 물론 서사시의 경우 이에 대한 대응점을 제시할 순 없다. 바로 이런 점에서 아직 문제가 많이 남아있기 때문에 훨씬 더 적합한 유추 현상들이 요구되는 바이다.

C. 유추(Die Analogie)

우리가 유대 종교사에서 본 주목할 만한 과정과 잘 맞아떨어지는 유일한 유추 현상이 우리의 문제와 외관상 관련성이 전혀 없어 보이는 영역에서 발견된다. 관련성은 없어 보이지만 완벽하게 맞아떨어지는, 거의 동일한 현상이다. 그곳에서 우리는 잠복 현상을 비롯하여, 설명이 필요한 불가사의한 현상들의 출현과 세월의 흐름 속에서 잊힌 옛 체험의 조건을 다시 만나볼 수 있다. 그뿐만 아니라 논리적인 사고를 압도해 정신(Psyche)을 강제하는 강박적 특성도 볼 수 있다. 이것은 예를 들어 서사시의 발생에선 고려되지 않은 특성이다.

이 유추 현상은 정신 병리학에서, 인간의 신경증 발생 과정에서 나타난다. 즉, 종교 현상이 보통 군중심리학의 연구 대상인 것과는 달리 개별 심리학[84] 분야에서 나타나는 현상이다. 곧 알게 되겠지만 이 유추 현상은 우리가 처음 생각했던 만큼 그렇게 놀라운 것이 아니고, 공준(公準) 같은 것이다.

우리가 이전에 체험했지만 훗날 잊어버리는, 신경증의 병인으로 큰 중요성이 있는 인상들을 외상(트라우마)이라고 부른다. 일반적으로 신경증의 병인을 외상으로 볼 수 있느냐는 문제는 아직 해결되지 않았다. 이 문제에 대해 금방 떠오르는 반론은 신경증에 걸린 개인 모두의 전력(前歷)에서 뚜렷한 외상의 흔적이 보이는 것은 아니라는 견해이다. 모든 개인에게 일어날 수 있는 체험과 요구들을 정상적인 방식으로 소화해내고 처리하는 것과는 달리 유별나게 비정상적으로 반응하는 것과 같다고 생각하는 경우도 많다. 이것을 설명할 수 있는 근거가 유전적, 체질적인 소질밖에 없는 경우, 신경증은 얻어진 것이 아니라 발전된 것이라고 물론 말하고 싶을 것이다.

---

84 Einzelpsychologie, 군중심리학과 구분해 각 개인에 대한 개별적인 연구의 의미로 프로이트가 이 논문에서 사용한 개념: 옮긴이

이와 관련해 두 가지 눈에 띄는 점이 있다. 첫째, 신경증의 발생은 어떤 경우든 오래전 유년기에 받은 인상에 기인한다.[85] 둘째, 이 유아 시절에 한 번 혹은 여러 번 받은 강렬한 인상들이 정상적으로 처리되지 못하고 영향을 발휘하는 것이 뚜렷하기에 "외상성"으로 볼 수 있는 경우들이 분명히 존재한다. 이것들이 정상적으로 처리되었더라면 신경증도 발생하지 않았을 것이라고 판단되는 경우들이다. 우리가 찾고 있는 유추 현상을 이 같은 외상성 병증의 경우에 국한한다 하더라도 우리 목적을 이루는 데는 충분할 거다. 이 두 그룹 사이의 간극을 좁히는 것은 어려워 보이지 않는다. 양쪽의 병인적 조건을 하나의 해석으로 통일할 수 있기 때문이다. 이 문제는 외상성을 어떻게 정의하느냐에 달려있다. 체험이 단지 양적 요인에 의해 외상의 형질을 획득한다고 가정한다면, 다시 말해 특이한 병리적 반응을 촉발하는 원인이 모든 경우 과잉 요구에 있다고 가정한다면, 이 체험이 어떤 체질에는 외상으로 작용하지만 다른 체질엔 그렇지 않다는 것을 쉽게 파악할 수 있다. 그렇다면 우리는 유동하는 소위 상보적 계열(Ergaenzungsreihe)을 생각할 수 있는데, 여기서는 존재하는 두 개의 병인 요소 가운데 한 요소가 줄면 다른 요소가 늘어나는 식으로 균형을 취한다. 일반적으로 이 두 요소는 함께 작용하는데, 계열의 양 끝에서만 단일한 동기 유발에 대해 말할 수 있다. 그

---

85 바로 이 유아 시절을 연구와 고려의 대상에서 제외시키고도 정신분석을 한다고 주장하는 쪽도 있는데, 이것은 터무니없는 일이다.

러므로 외상적 병인과 비외상적 병인의 구별이 우리가 찾는 유추 현상의 문제에선 중요하지 않기 때문에 무시해도 좋다.[86]

같은 내용을 반복하는 것 같아 우려스럽긴 해도, 우리에게 중요한 유추 사실들을 다음과 같이 나열해보는 것도 유용하다. 우리 연구를 통해 밝혀진 것은 우리가 신경증 현상(증후)이라고 일컫는 것이 특정 체험과 인상들에 의한 결과이고, 바로 이런 이유에서 병인적 외상으로 인정된다는 점이다. 이제 우리 앞에는 두 가지 과제가 놓여있다. 첫째, 이 체험들의 그리고 신경증적 증후군의 공통된 특징을 찾아야 하는데, 여기서는 어느 정도 도식화가 필요하다.

Ⅰ a) 이 외상들은 모두 유년기, 대략 5세까지 형성된 것들이다. 언어 능력이 발휘되기 시작할 때 받아들인 인상은 특히 흥미롭다. 2세부터 4세까지가 가장 중요한 시기로 보이는데 생후 언제부터 감수성기가 시작되는지는 확실하지 않다.

b) 이 체험들은 보통 완전히 잊혀서 기억되지 않는다. 말하자면 유아 기억상실증(infantile Amnesie)의 시기에 속하는 체험들이다. 이것들은 대부분 기억 흔적의 조각들, 이른바 은폐 기억(Deckerinnerung)의 형태로 발현된다.

c) 이러한 체험은 성적, 공격적 성격을 띤 인상과 관련이 있고, 유아기 때의 자아 손상(자기애적·굴욕감)과도 분명 관련이 있다.

---

86 상보적 계열의 개념은《정신분석 강의》22강에서 언급된다.: 옮긴이

말하자면 어린아이는 성인이 되었을 때와는 달리 성적인 행위와 순전히 공격적인 행위를 뚜렷이 구분하지 못한다(성행위에 대한 가학적 오해). 성적 요인의 우세함이 물론 확연히 드러나는데 이에 대해서는 이론적인 평가가 필요하다.

생후 5년 이내에 일어나고, 망각되고, 성적-공격적 내용을 가지는 이 세 가지 요소는 서로 밀접히 관련이 있다. 외상은 자신이 몸소 겪었던 체험이거나, 대부분 보고 들은 것에 대한 지각(Sinneswahrnehmung)이다. 즉 체험, 혹은 인상들이다. 이 세 가지 요소의 상호 연관성은 분석 작업을 함으로써 이론적으로 확립된다. 분석 작업만이 잊힌 체험들에 대해 알려주고, 뚜렷할 때도 있지만 때론 부정확하게 표출되는 체험들을 기억으로 되돌릴 수 있다. 일반적인 생각과는 반대로 인간의 성생활 — 혹은 훗날 하게 되는 이에 상응하는 체험 — 은 조기에 개화했다가 5세 즈음 끝난다. 이후에는 이른바 잠재기가 — 사춘기까지 — 이어진다. 잠재기에는 성적인 발전이 멈추고 오히려 퇴화한다. 이 이론은 내부생식기의 발육에 관한 해부학적 연구를 통해 확인되었다. 이 이론에 의하면 인간은 생후 5년에 성적 성숙기에 도달하는 동물의 종에서 유래한 것으로 추정되고, 성생활의 지연과 두 차례에 걸친 발현은 인간의 발생사와 아주 밀접한 관계가 있다. 인간은 이러한 잠재기와 성적 발현의 지연 현상을 보이는 유일한 동물인 것 같다. 이 이론을 검토하기 위해선 영장류에 관한 연구가 필수적인데, 내가 아는 한 이런 연구는 없다. 심리학적인 면에서 보면 유아 기억상실증 기간이 이러한 성적인 조기 개화의 기간과 일치하는 현상을 고려하지 않을 수 없다. 이 사실이 어떤 의미에선 인간의 특권이라고 할 수 있는 신경증 유발의 실제 조건이 될 수도 있기 때문이다. 이렇게 살펴보면 신경증은 인체의 어떤 해부학적 기관처럼 태고의 잔여물(survival)처럼 보인다.

II) 신경증 현상들의 공통된 특성 혹은 특수성으로 두 가지 점을 강조하고자 한다.

a) 외상의 작용에는 두 가지 형태의 작용, 즉 긍정적인 작용과 부정적인 작용이 있다. 긍정적인 작용은 외상을 다시 유효하게 만들려는 노력, 다시 말해 잊힌 체험을 기억해내려는 노력이다. 좀 더 정확하게 말하자면 이 체험을 현실이 되게 하려는 노력으로, 반복을 통해 다시 체험하고, 어린 시절의 격정적 관계(Affektbeziehung)를 다른 상대와의 유사한 관계에서 재생시키려는 것이다. 이러한 노력은 외상에의 고착 및 반복 강박으로 요약될 수 있다. 이것은 소위 정상적인 자아에 수용될 수 있고, 이러한 지속적인 경향으로 자아는 불변의 특징을 부여받게 된다. 이러한 노력의 실제 근거, 그것의 역사적 기원은 잊혔음에도 불구하고 그렇다. 아니 어쩌면 잊혔기 때문에 그럴지도 모른다. 어린 시절에 어머니와 과도한 애착 관계를 형성한 한 남자는 그 사실을 잊은 채 자신을 돌봐주고 지켜주는, 자신이 의지할 수 있는 여자를 찾아 평생 헤맬 수 있다. 어린 시절 성적 유혹의 대상이 되었던 한 소녀는 훗날 성생활에서 번번이 이러한 공격성을 도발할

가능성이 있다. 여기서 이러한 통찰을 통해 신경증 문제뿐만 아니라 성격 형성의 과정에 대한 이해도 가능하다는 것을 쉽게 알 수 있다.

부정적인 반응들은 정반대의 목표를 추구한다. 즉 잊힌 외상을 기억하지 않으려 하고 반복하지 않으려 한다. 이러한 반응은 방어 반응으로 요약된다. 이것은 주로 회피의 형태로 나타나며 억제(Hemmung)와 공포증(Phobie)으로 발전할 수도 있다. 이러한 부정적인 반응 역시 성격의 특징 형성에 아주 지대한 기여를 한다. 이것은 근본적으로 긍정적인 반응처럼 외상에 고착하기는 마찬가지지만 이 고착의 목적은 완전히 다르다. 좁은 의미에서의 신경증 증세는 외상에서 비롯한 두 방향의 지향에 의해 이루어진 타협으로서 경우에 따라 이쪽, 아니면 저쪽 방향이 우세를 보이며 나타난다. 이 두 반응은 서로 상반되기에 보통 끊임없는 갈등을 초래한다.

b) 이러한 모든 현상, 자아 제한이나 지속적인 성격 변화 같은 징후들은 강박적 특징을 보인다. 다시 말해 그들에게 심리적 집중도가 높은 경우, 이러한 현상들은 다른 정신 과정의 조직체계, 즉 실재하는 외부 세계의 요구에 순응하고 논리적인 사고 법칙을 따르는 정신적 체계에서 완전히 벗어나는 양상을 보인다. 이 현상들은 외부 현실의 영향을 전혀 받지 않거나, 받더라도 그 영향은 미미할 뿐이다. 그리고 외부 현실과 그 심리적 대용물에 신경을 쓰지 않기 때문에 이것들과 적극적인 대립 관계를 형성

하기 쉽다. 말하자면 이 현상은 국가 안의 국가 같은 것으로 접근하기가 힘들고 공동 작업에 아무 쓸모가 없는 당파 같은 존재이다. 그러나 이것은 이른바 정상적인 것을 제압해 굴복시킬 수 있다. 이렇게 되면 내적인 심리적 현실이 외부 현실을 지배하게 되고, 정신병의 길이 열리게 된다. 정신병까지는 아니더라도 이러한 상황은 현실에서 아주 중요하다. 신경증에 지배당하는 사람들이 가지고 있는 삶에 대한 압박감과 무력감은 인간 사회의 안위에 매우 중요한 요인이 된다. 그들은 과거 어린 시절 일부에 고착된 상태를 그대로 드러내 보인다.

이제 유사 현상과 관련해 특별히 우리의 관심을 끄는 잠복 현상에 대해 살펴보기로 하자. 유년 시절에 입은 외상은 바로 신경증 발병과 직결될 수 있다. 이러한 아동기 신경증은 방어의 노력으로 점철되면서 증후군을 형성한다. 또한 장기간에 걸쳐 지속해서 눈에 띄게 장애를 일으키기도 하지만, 잠재적으로 진행되어 간과될 수도 있다. 아동기 신경증에서는 일반적으로 방어가 지배적이고, 어떻든 자아 변형(Ichveraenderung)이 흉터처럼 남게 된다. 아동기 신경증이 중단되지 않고 성인 신경증으로 이어지는 경우는 극히 드물고, 순탄해 보이는 발전단계를 거치는 경우가 훨씬 더 많다. 이러한 진행 과정이 가능한 것은 생리적인 잠새기가 중간에 개입한 덕분이다. 어느 정도 시간이 흐른 뒤에야 비로소 변화가 일어나는데, 이 변화와 함께 외상 후 지연 발생한 증상으로 완전한 신경증이 나타난다. 이러한 현상은 사춘기가 시작되면서 발생하거나 혹은 이보다 좀 늦게 발생하기도 한다.

전자의 경우, 애초 방어에 압도당한 욕동이 신체적 성숙에 의해 강화되어 다시 싸움을 재개할 수 있게 된다. 후자의 경우, 방어가 초래한 반응 및 자아 변형이 새로운 삶의 과제를 처리하는 데 걸림돌이 된다. 실재하는 외부 세계의 요구들과 방어 투쟁에서 힘겹게 획득한 조직 체계를 보존하려는 자아 사이에 심각한 갈등이 생긴다. 외상에 대한 최초 반응들과 훗날의 발병 사이에 나타나는 신경증의 잠복 현상은 전형적이라고 볼 수 있다. 치유 시도로도 볼 수 있는 이 같은 발병은, 외상의 영향으로 분리된 자아의 부분들을 다시 나머지 부분과 화해시켜 외부 세계에 대응하려는 하나의 강한 전체로 통일하려는 노력인 셈이다. 하지만 이러한 시도가 분석 작업의 도움 없이 성공하는 경우는 극히 드물다. 분석 작업의 도움이 있더라도 늘 성공하는 것은 아니다. 이것은 대개 극단의 자아 황폐와 자아 분열로 끝나거나, 혹은 초기 분리된, 외상에 지배되는 부분에 의해 압도당함으로써 끝난다.

독자의 이해를 돕기 위해선 수많은 신경증 환자의 인생사를 상세히 언급해야 할 필요가 있다. 하지만 이는 방대하고 어려운 주제인 만큼 본 논문의 성격에서 완전히 빗나가는 것일 것이다. 그러면 본 논문은 완전히 신경증론에 대한 논문으로 뒤바뀔 것이고, 그리되면 아마 정신분석학을 연구하고 분석 작업을 평생의 과제로 삼은 소수에게만 영향을 발휘할 것이다. 여기서 나는 폭넓은 독자층을 염두에 두기에 앞서 짧게 요약해 설명한 내용을 우선 어느 정도 신뢰해줄 것을 독자에게 부탁하는 수밖에 없다. 물론 독자는 내가 제시하는 결론의 전제가 되는 학설들이 옳은 것으로 입증될 경우에만 받아들여도 좋다.

여하튼 나는 앞서 언급한 신경증의 몇몇 특징을 확연히 보여주는 한 개별 사례에 관해 이야기해보고자 한다. 물론 하나의 사례가 모든 것을 다 밝힐 것이라고 기대해선 안 되고, 내용상으로 우리가 찾는 유추 현상과 동떨어져 보이더라도 실망할 필요는 없다.

소시민층 가정에서 흔히 그러하듯 생후 초기에 부모와 한 침실에서 자는 어린 사내아이가 있었는데, 이 아이는 말을 채 배우기도 전에 부모의 성행위를 번번이 알아챘고 가끔 보기도 했지만 들을 때가 많았다. 이 아이는 훗날 첫 몽정 직후 신경증이 발병했는데 맨 처음 나타난, 가장 성가신 증상이 수면 장애였다. 아이는 밤중에 들리는 소리에 특히 예민했고 한 번 깨면 다시 잠을 이루지 못했다. 이 수면 장애는 실제로 타협 증상으로 한편으론 어린 시절 밤중에 감지했던 것에 대한 방어의 표현이고, 다른 한편으론 그때의 인상들에 귀 기울일 수 있는, 깨어있는 상태를 재현하려는 시도이다.

이렇게 부모의 성생활을 목격한 아이는 일찍부터 공격적인 남성성을 드러내며 자신의 작은 음경을 손으로 자극하고, 아버지와 동일시하며 아버지의 자리에 들어앉아 어머니에게 여러 성적인 공격을 시도하기 시작했다. 이러한 행위가 계속되자 마침내 어머니는 음경에 손대지 말라고 아이를 나무라면시 이버지에게 이르겠다고 위협했다. 아버지가 알면 벌로 불결한 음경을 잘라 버릴 것이라고 했다. 이러한 거세 위협은 아이에게 대단히 강력한 외상의 영향을 미쳤다. 아이는 성적인 행위를 포기했고, 아이의 성격도 바뀌었다. 아버지와 동일시하는 대신 이제 아이는 아버지를 두려워했다. 아버지에 대해 수동적인 자세를 취하고 이따금 도발적인 못된 행동으로 아버지의 체벌을 유도하곤 했다. 체벌은 아이에게 성적인 의미를 지녔다. 체벌을 받으며 아이는 학대당하는 어머니와 동일시할 수 있었다. 그리고 마치 어머니의 사랑 없인 잠시도 지낼 수 없다는 듯이 안달을 부리며 점점 더 어머니에게 매달렸다. 아이는 어머니의 사랑이 아버지가 위협하는 거세 위험으로부터 자신을 지켜준다고 보았다. 이 같은 오이디푸스 콤플렉스의 변형 상태에서 아이는 잠재기를 보냈고, 눈에 띄는 장애는 없었다. 아이는 모범생이 되어 학교에서 좋은 성적을 거두었다.

여기까지 우리는 외상이 미친 직접적인 영향에 대해 살펴보았고, 잠재기와 관련한 사실도 확인할 수 있었다.

그런데 사춘기에 접어들자 신경증이 발병하면서 두 번째 주요 증상인 성 기능 장애가 나타났다. 아이는 음경에 대한 감각을 상실했고 손도 대지 않으려 했으며 여자에게 성적으로 감히 접근하지 못했다. 그의 성행위는 가학적-피학적인 환상을 바탕으로 하는 심리적 자위에 국한되었는데, 이러한 환상들은 어린 시절에 목격한 부모의 성교 장면에서 비롯된 것임을 쉽게 알 수 있다. 사춘기에 찾아오는 남성성의 강화는 아버지에 대한 격렬한 증오와 반항의 형태로 나타났다. 이처럼 극단적이고 자기 파멸에 이를 정도로 방약무인한 아버지와의 관계는 인생의 실패와 외부 세계와의 갈등을 초래했다. 그는 직업에서 성공하지 못했다. 아버지가 강요해서 선택한 직업이었기 때문이다. 그는 친구도 사귀지 못했고 상사와의 관계도 늘 좋지 않았다.

아버지가 세상을 떠난 후, 그는 이러한 증상들을 떠안은 채 무기력한 상태에서 마침내 아내를 만나게 되었다. 그러자 그의 핵심적 본성 같은 특징들이 나타났는데, 그의 그런 성격 때문에 주변 사람들 모두가 그와의 교제를 힘들어했다. 그는 다른 사람을 억누르고 모욕을 주고 싶은 욕구에 가득 찬, 완전히 이기적이고 독단적이며 잔인한 품성을 가진 사람이 되었다. 그것은 그의 기억 속에 형상화되어있는 아버지상을 그대로 본뜬 복제품 같았다. 말하자면 옛날 어린 사내아이가 성적인 동기에서 행한 아버지 동일시의 재현인 셈이다. 그리고 이 부분에서 우리는 외상의 직접적인 영향 및 잠복 현상과 함께 신경증의 주요 특징으로 묘사했던 억압된 것의 회귀를 볼 수 있다.

D. 적용

초기의 외상, 방어, 잠복, 신경증의 발병, 억압된 것의 부분적 회귀, 이것이 우리가 신경증의 진행 과정을 두고 세운 공식이다. 이제 나는 독자에게 개인의 삶에서 일어난 일과 유사한 일이 인류의 삶에서도 있었다고 가정해보길 권한다. 다시 말해 인류 전체의 삶에서도 성적-공격적 사건이 일어나 인류에게 영속적인 결과를 남겼지만 대부분 방어가 작동하면서 잊힌다. 그러나 훗날 긴 잠재기를 거친 뒤 다시 영향을 발휘하면서 구조나 목적으로 보아 신경증 증상과 유사한 현상을 일으켰다는 것이다.

우리는 이 사건을 추적할 수 있으리라고 생각한다. 또한 증상에 견줄 수 있는 사건의 결과가 종교 현상인 것을 입증하고자 한다. 진화론이 등장한 이래 인류에게 선사 시대가 있었다는 것은 더 이상 의심할 여지가 없는 사실이다. 그러나 선사 시대는 우리에게 미지의 세계, 다시 말해 잊힌 시대이기에 이 같은 추론은 거의 공준[87]의 무게를 지닌다. 영향을 발휘하는, 망각된 외상이 여기저기 인류 가족의 삶과 관련이 있다면, 이 사실은 지금까지의 논의에서 벗어나 있던 뜻밖의, 지극히 바람직한 부산물로 환영받아 마땅할 터이다.

나는 사반세기 전에《토템과 터부(Totem und Tabu, 1912)》에서 이러한 주장을 이미 제시한 바 있다. 따라서 여기서는 주장했던 내용을 다시 한 번 반복할 뿐이다. 구성적인 면에서 나는 찰스 다윈(Ch. Darwin)의 진술에서 출발해 앳킨슨(Atkinson)의 가설을 끌어들였다. 나의 주장은 원시 시대의 원시인들은 강한 남성이 지배하는 소규모의 원시 무리 집단에서 살았으리라는 것이다. 그 시대를 명시할 순 없다. 우리에게 알려진 지질학적 시대와도 연결점이 없다. 아마도 인류의 언어가 발달하지 않았던 시기였을

---

87 公準,Postulat: 공리처럼 자명하진 않으나 증명이 불가능한 명제로서 학문적 또는 실천적 원리로서 인정되는 것; 옮긴이

것이다. 나의 이론 구성에서 본질적인 부분은 여기서 묘사되는 운명이 모든 원시 인류, 다시 말해 우리 조상들 모두가 겪은 운명일 것이라는 가정이다.

이 운명에 대한 이야기는 지극히 압축된 형태로, 마치 딱 한 번 있었던 이야기처럼 전해지는데, 실제론 수천 년에 걸쳐 오랜 세월 동안 무한 반복되어 온 이야기이다. 힘센 남성이 절대적인 힘을 난폭하게 행사하면서 원시 무리의 우두머리로, 아버지로 군림했다. 모든 여성, 즉 자신의 원시 무리에 속한 아내와 딸들, 그리고 다른 원시 무리에서 약탈해온 모든 여성은 그의 개인 소유물이었다. 아들들의 운명은 기구했다. 아버지의 질투심을 유발하는 아들들은 죽임을 당하거나 거세를 당하거나 무리에서 추방되었다. 이들은 소규모의 공동체에서 함께 생활하면서 여자들을 약탈해와 아내로 삼곤 했는데, 이때 이들 중 하나가 원시 무리에서 아버지가 차지한 자리와 비슷한 자리에 오를 수 있었다. 막내아들이 예외적인 위치에 있었던 것은 자연스러운 이유에서였다. 막내아들은 어머니의 사랑과 보호를 받으면서 아버지가 늙어감에 따라 입장이 유리해지고 아버지가 세상을 떠나면 그를 대체할 수 있었다. 큰아들의 추방과 막내아들에 대한 편애는 전설과 동화에서 그 여운을 감지할 수 있다.

이러한 초기 형태의 "사회적" 조직이 변화하는 데 결정적인 발걸음이 된 것은 추방당한 아들들이 공동체에 남아있던 형제들과 한데 뭉쳐 아버지를 제압하고 당시의 풍습에 따라 산 채로 잡아먹은 행위였다고 한다. 이러한 식인 풍습에 역겨워할 필요까진 없다. 이것은 상당한 시간이 흐르기까지 이어지던 풍습이었다. 그러나 본질적인 것은 현대의 미개민족과 우리 아이들을 분석, 연구하는 과정에서 확인되는 감정 태도가 원시인들에게도 있었다는 점이다. 그러니까 원시인들이 아버지를 증오하고 두려워했을 뿐만 아니라 모범으로 삼아 존경했고, 실제로 누구나 아버지 자리를 차지하길 원했다는 것이다. 그렇다면 식인 행위 또한 아버지의 일부를 먹음으로써 아버지와의 동일시를 확실하게 하려는 시도로 이해할 수 있다.

아버지가 살해된 후 아버지의 유산을 혼자서 독차지하려는 형제들 간의 다툼이 오랫동안 일어났을 것으로 추측된다. 그러나 이러한 골육상쟁이 위험하고 헛수고에 불과하다는 통찰, 함께 이루어낸 아버지로부터의 해방에 대한 기억, 추방당해 함께 지내던 시절에 형성된 형제들 간의 감정적 유대에 대한 기억, 이것들은 마침내 형제들의 합의, 즉 일종의 사회계약을 끌어냈다. 욕동 포기, 상호적 의무 인정, 신성불가침으로 규정된 특정 제도의 제정을 내용으로 하는 최초의 사회 조직 형태가 생성된 셈이다. 이것이 도덕과 법규를 준수하는 사회의 시작이었다. 각 개인은 아버지의 위치를 차지하려는 이상을 포기하고 어머니와 여형제에 대한 소유를 포기하게 되는데, 여기서 근친상간의 금지 및 족외혼율이 생겼다. 아버지가 제거되면서 느슨해진 절대 권력의 상당 부분이 여성 쪽으로 넘어가고, 이제 모권제 시대가 열렸다. "형제 동맹(Brüderbund)"의 시대에도 아버지에 대한 기억은 남아 있었다. 그리고 힘센, 처음엔 공포의 대상이기도 했던 동물이 아버지의 대체물이 되었다. 이러한 선택이 우리에겐 이상해 보일 수 있지만, 인간과 동물이 뚜렷이 구분되는 오늘날과는 달리 원시인들에겐 이러한 구분이 없었다. 아이들에게도 이런 구분이 없다. 아이들의 동물 공포증은 아버지에 대한 두려움으로 이해될 수 있다. 토템 동물과의 관계에는 아버지에 대한 양가 감정이 고스란히 들어있다. 토템은 한편으론 혈연적 선조로, 무리의 수호신으로 여겨져 숭배되고 보호되어야 할 대상이었다. 하지만 다른 한편으론 무리에서 축제일을 정해 원시 아버지가 겪은 똑같은 운명의 상황을 토템 동물에게 마련했다. 그들은 다 같이 토템 동물을 죽여 나누어 먹었다(로버트슨 스미스 Robertson Smith, 토템 향연). 이 성대한 축제는 실제로 서로 동맹해 아버지를 무너뜨린 아들들의 승리를 기념하는 개선 축제였다.

그렇다면 이와 관련해서 종교의 자리는 어디에 있는가? 나는 아버지의 대체물에 대한 숭배, 토템 향연에서 드러나는 양가 감정, 기념 축제일의 제정, 금기, 금기 위반에 따르는 죽음의 벌칙 같은 요소를 가진 토테미즘에서 인류 사상 최초의 종교 현상 형태를 볼 수 있고, 처음부터 사회적 조직(soziale gestaltungen) 및 윤리적 의무와 관계하고 있었음을 확인할 수 있다고 생각한다. 그 후에 종교가 발전해온 과정에 대해서는 축약해 대강 살펴볼 수밖에 없다. 종교가 인류의 문화 발전 및 인간 공동체 구조의 변화 과정과 평행하게 발전해 왔다는 것은 의심의 여지가 없다.

토테미즘에서 한 단계 더 발전한 형태는 숭배 대상의 인간화였다. 동물의 자리에 인격을 가진 신들이 등장했는데, 이 인격신들은 토템 동물에서 유래한 것이 분명하다. 신은 동물의 형상을 하고 있거나 적어도 동물의 얼굴을 하고 있다. 토템은 신과 떨어질 수 없는, 신이 총애하는 동반자가 되기도 한다. 전설 속에서는 신이 다름 아닌 바로 자신의 전 단계 모습인 토템 동물을 죽이기도 한다. 이러한 발전의 어느 시점에서 위대한 모신[88]들이 등장했다. 모신들은 남성 신들보다 먼저 나타난 것 같고, 그 후 오랜 세월 동안 남성 신들과 나란히 존재했다. 그리고 그사이에 대규모의 사회 변혁이 일어나면서 모권제는 다시 회복된 가부장적 질서로 교체되었다. 물론 새로운 아버지들은 원시 아버지처럼 전능하지 못했다. 이들은 다수였고 이전의 원시 무리보다 규모가 큰 공동체에서 살았다. 그들은 사이좋게 함께 살아야 했고 사회 법규의 제약을 받았다. 아마도 모신들의 등장은 모권제가 제한된 시대에 뒤로 물러앉은 어머니에 대한 보상 작용이었을 수도 있다. 남성 신은 처음에 위대한 어머니 옆에 자리하는 아들로 나타나다가 나중에 가서야 아버지 형상의 특징을 갖추게 된다. 다신교에서 나타나는 이러한 남성 신들은 부권제 시대의 상황을 반영한다. 그들은 다수이고 서로들 견제하면서 이따금 훨씬 더 우세한 상위의 신에게 복종한다. 여기서 한 걸음 더 나아가면 우리가 다루고 있는 주제, 다시 말해 유일하고 절대적 지배자인 부성신(父性 神)의 회귀 문제와 마주 대하게 된다.

이 역사적 개요가 불완전하고 또 몇몇 입증되지 않은 점이 있

---

88 母神, 모성을 인격화한 신: 옮긴이

다는 것은 인정한다. 하지만 이러한 태고사 구성이 공상적인 이야기에 불과하다고 단정하는 사람이 있다면 이 태고사에 동원된 자료의 풍부함과 증명력을 너무 과소평가하고 있는 게 아닌가 싶다. 우리 논의에 연관시킨 과거의 상당 부분, 토테미즘과 남성 동맹은 역사적으로 증명된 사실이다. 나머지 부분은 훌륭한 레플리카[89]로 보존되어 왔다. 이를테면 기독교의 성찬식에서 신자는 예수의 피와 살을 상징적인 형태로 먹는다. 이 의식은 옛 토템 향연이 지닌 의미와 내용을 고스란히 반복하는 양상으로 빈번히 작가의 주의를 끌곤 한다. 전설이나 민담 속에는 기억에서 사라진 원시 시대의 수많은 잔여물이 남아있다. 뜻밖에도 어린아이의 정신생활에 대한 분석 연구가 이와 관련한 소재를 많이 제공해줬고, 덕분에 원시 시대에 대한 우리 지식의 빈틈이 메꾸어질 수 있었다. 이렇게 중요한 아버지와의 관계를 이해하는 데 도움이 되는 내용으론 동물 공포증, 아버지한테 잡아먹힐 수 있다는 기괴한 공포감, 강도 높은 거세 공포증을 예시할 수 있다. 우리의 이론 구성에서 확고한 근거에 기초하지 않는, 날조된 내용은 없다.

원시 역사에 대한 우리의 서술 내용을 전반적으로 신뢰한다면, 두 가지 요소가 종교의 교리와 의식에 있는 것을 간파할 수 있다. 한편으론 옛 가족사에 그리고 그 가족사의 잔여물에 대한 고착이고, 다른 한편으론 오랜 망각 뒤에 이루어지는 과거의 재

---

89 그림이나 조각 따위에서, 원작자가 손수 만든 사본: 옮긴이

현, 즉 잊힌 것들의 회귀이다. 두 번째 요소는 지금까지 간과되어 왔기에 이해되지 못한 부분인데, 여기서 인상 깊은 한 예를 통해 입증해보고자 한다. 특히 강조할 점은 망각에서 돌아온 부분이 특별한 힘을 발휘하면서 자신의 존재를 주장하고 대단히 강력한 영향력을 군중에게 행사한다는 사실이다. 또한 이것은 억제되지 않는 힘으로 진실을 요구하기에 논리적인 이의 제기는 무력해진다. 말하자면 불합리하기에 나는 믿는다(credo quia absurdum)는 식이다. 이러한 이상한 특징은 정신병자의 망상 유형으로밖에는 이해할 수 없다. 망상 속에는 진실의 단편이 잊힌 채 숨어 있다는 사실을 우리는 이미 알고 있다. 이것이 회귀하는 경우에는 왜곡과 오해를 감수해야만 한다. 망상에 근거하는 강박적 확신은 이 진실의 핵심에서 나오고, 진실을 가리는 오류로까지 확산된다. 역사적 내용이라고 불리는 이러한 진실이 다양한 종교들의 교리들에도 포함되어 있다는 것을 인정해야 한다. 그것들은 원래 정신병적 증후의 성격을 가지고 있지만, 집단 현상으로 인해 고립화의 저주에서 벗어나 있을 뿐이다.

종교사에서 유대교에 정립된 일신교가 기독교에서 지속하는, 이렇게 명백한 부분은 찾아볼 수 없다. 이와 유사한 완벽하고 명료한 발전, 즉 동물 토템에서 제자들을 거느린 인격신까지 발전하는 과정은 제외하고 말이다. (그리스도의 네 복음서 저자는 각기 동물로 그려진다.) 일단 파라오의 세계 지배가 일신교 사상이 출현한 원인이었다고 생각해보자. 그렇다면 일신교 사상이 모국 땅에서 벗어나 다른 민족에게 전파되었고, 긴 잠복기를 거친 뒤 매우 귀중한 그들 고유의 자산으로 보호를 받게 되고, 또한 그들에게 선택된 민족이라는 긍지를 안겨줌으로써 삶을 유지하도록 했다. 이것은 원시 아버지의 종교로서 보상과 영예와 궁극적으로는 세계 지배에 대한 희망과 밀접한 관계가 있다. 유대 민족이 오래전에 포기한 이 후자의 소망적인 환상은 반유대 민족의 진영에서 "시온 현자들"에 의한 음모에 대한 믿음이라는 형태로 오늘날까지 잔존하고 있다.[90] 여기서 몇몇 내용은 다음 장으로 미루기로 한다. 이를테면 이집트로부터 차용한 일신교의 특징이 유대 민족에게 미친 영향이라든지, 마술과 신비주의를 거부하고 정신성의 발전을 고무하며 승화의 촉진을 통해 유대 민족의 오랜 특성을 형성해온 과정이라든지, 진리를 소유한 복된 민족으로서 선민의식에 사로잡혀 지성인을 존중하고 윤리적인 것을 강조하게 된 과정이라든지, 이 민족의 슬픈 운명과 현실에 대한 실망이 이러한 경향을 어떻게 강화해 왔는지에 대한 내용들이다. 하지만 지금 우리는 이 발전 과정을 다른 방향에서 추적해 보려고 한다.

원시 아버지의 역사적 복권은 커다란 진보였다. 그러나 여기에서 끝난 것이 아니었다. 선사 시대 비극의 다른 부분들 역시 자신들 존재를 인정해 달라고 요구했다. 이 과정이 어떻게 시작되었는지를 밝히기란 쉽지 않다. 억압된 내용의 회귀에 앞서 유

---

90 《시온 현자들의 프로토콜》은 반유대주의의 강력한 근거가 된 책으로 "시온 장로 의정서"라고도 불린다. 이 책은 전 세계를 정복하려는 유대인의 계획을 주장하고 있고 1905년 러시아에서 처음 책의 형태로 출간되었으며 1921년 〈런던 타임스〉의 보도로 거짓 문서임이 드러났다: 옮긴이

대 민족, 혹은 당대의 문화민족 전체가 점점 커지는 죄의식에 사로잡혀 있었던 듯하다. 그러다가 유대 민족 출신의 한 사람이 정치적, 종교적인 선동자를 옹호하는 과정에서 유대교로부터 새로운 종교, 즉 기독교를 분리하는 계기를 마련하게 되었다. 타르소스(Tarsus) 출신인 로마의 유대인 바울(Paulus)은 이러한 죄의식을 포착했고 이 죄의식이 선사 시대에 근원한다고 보았다. 바울은 이것을 "원죄"라고 불렀다. 원죄는 하느님에게 맞선 범죄 행위로 오로지 죽음으로밖에 속죄할 수 없는 죄악이다. 원죄로 인해 죽음이 이 세상에 주어진 것이다. 죽음으로 속죄해야 마땅한 이 범죄는 실제로는 훗날 신으로 추앙된 원시 아버지를 살해한 행위였다. 하지만 살해 행위는 기억되지 않고 대신 속죄에 대한 환상이 있었을 뿐이다. 이 환상이 구속[91]의 복음(Evangelium)으로 환영받을 수 있었던 것은 이러한 이유에서였다. 하느님의 아들이 인류의 죄를 대신 짊어진 채 아무 죄 없이 죽임을 당한 것이다. 속죄자는 아들이었어야만 했다. 왜냐하면 아버지에 대한 살해였기 때문이다. 아마도 동방이나 그리스의 신비주의 전승이 구속 환상의 발전에 영향을 끼쳤을 가능성이 있다. 구속 환상에서의 핵심 내용은 바울 개인의 기여로 이루어진 듯하다. 그는 원래 종교적 소질을 지닌 인물이었다. 그의 영혼 안에는 과거의 어두운 흔적들이 의식의 영역으로 뚫고 나올 준비를 하며 도사리고 있었다.

---

91 구속, 예수가 십자가에 못 박혀 인류의 죄를 대속(代贖)하여 구원함: 옮긴이

죄 없는 구속자의 희생은 분명히 논리적으론 이해하기 어려운 의도적인 왜곡이었다. 살인을 하지 않은 죄 없는 사람이 어떻게 자신의 생명을 내어주면서까지 살인자의 죄를 뒤집어쓸 수 있겠는가? 실제로 역사적 사실에는 이러한 모순이 없다. "구속자"는 아버지를 제압한 형제 동맹의 우두머리로 이 사건의 주범일 수밖에 없다. 이러한 모반의 우두머리가 실제 존재했는지는 미결로 남을 수밖에 없다는 것이 나의 판단이다. 그런 인물이 실제 존재했을 가능성은 크다. 하지만 또 한편 형제 동맹의 구성원마다 혼자 범행을 도모해 예외 상황을 조성하고 포기해야 하는, 공동체에서 사라져가는 아버지와의 동일시에 대한 대체물을 세우려는 소망도 있었을 거라는 점을 고려해야 한다. 이러한 우두머리가 존재하지 않았다면 그리스도는 채워지지 않는 소망적 환상의 상속자이고, 존재했다면 그리스도는 그의 후계자, 그의 화신이었던 셈이다. 여하튼 그것이 환상이든 잊힌 실재의 회귀이든 여기선 상관이 없다. 어떤 경우든 이 부분에서 볼 수 있는 것은 헤로스[92]에 대한 표상의 원형이다. 헤로스는 늘 아버지에게 반항하고 여러 모습으로 아버지를 죽이는 영웅이다.[93] 입증되기 어려운 희곡에서의 "비극적인 죄악"의 실제 근거도 여기서 찾을

---

[92] Heros, 고대 그리스인의 신앙적 대상인 초인적 존재로, 주로 영웅으로 묘사 된다: 옮긴이

[93] 어니스트 존스Ernest Jones는 황소를 죽이는 신 미트라스가 자신의 행위를 자랑하는 이 주모자를 의미할 수도 있다고 지적했다. 미트라스 숭배가 최후의 승리를 위해 초기 기독교와 벌인 오랜 싸움은 잘 알려진 사실이다.

수 있다. 그리스 희곡에 등장하는 영웅과 합창 가무단은 다름 아닌 이 반란의 영웅과 그 형제 동맹을 그려낸 것이 틀림없다. 중세의 연극이 그리스도 수난사의 상연과 함께 새로 출발하게 된 것도 의미가 없는 게 아니다.

이미 언급했듯이 신자가 예수의 피와 살을 먹는 기독교의 성찬식은 고대 토템 향연을 반복하는 의식이다. 물론 숭배의 표현이 담긴 애정 어린 의미에서의 의식이지 공격적인 의미에서 그렇다는 것은 아니다. 아버지와의 관계를 지배하는 양가 감정은 종교 개혁의 최종 결과에서 선명히 드러났다. 이른바 하느님 아버지와의 화해를 목적했지만 하느님 아버지의 퇴위와 제거라는 결과가 된 것이다. 유대교는 아버지 종교였지만 기독교는 아들의 종교가 되었다. 옛 아버지 하느님(Gottvater)은 그리스도 뒤로 밀려났고 그의 아들인 그리스도가 아버지의 자리를 차지하게 되었다. 원시 시대의 아들들이 열망했던 것처럼 말이다. 유대교의 계승자인 바울 또한 유대교의 파괴자가 되었다. 바울이 성공할 수 있었던 것은 무엇보다 구원 사상을 통해 인류의 죄의식을 환기시킨 사실 덕분이었고, 그 외에도 유대인이 선택된 민족이라는 것과 선민의 징표인 할례를 포기했기 때문이었다. 따라서 새로운 종교는 모든 사람을 포괄하는 보편적인 종교가 될 수 있었다. 바울이 이러한 대책을 마련한 데에는 자신의 개혁을 반대한 유대 집단에 대한 개인적인 복수심도 작용했을지 모른다. 여하튼 이를 통해 옛 아톤 종교의 특징 하나가 되살아나게 되었고, 아톤 종교가 새로운 주체지인 유대 민족에게로 옮아가면서 발생한 협소한 한계가 제거된 셈이다.

새로운 종교는 여러 면에서 유대교와 비교하면 문화적 퇴행을 의미했는데, 이것은 하층 계급인 새로운 군중이 출현하거나 혹은 허용되는 경우에 흔히 볼 수 있는 현상이다. 유대교는 정신적 승화의 정점에 올라있었지만 기독교는 그 정점을 지켜내지 못했다. 더 이상 엄격한 일신교가 아니었던 기독교는 주변 민족으로부터 상징적 의식을 무수히 받아들였고 위대한 모성 신을 다시 세웠으며, 비록 하위였지만 쉽사리 알아차릴 수 있는 다신교 신들의 여러 형상에 자리를 내주었다. 무엇보다도 기독교는 아톤교와 그의 뒤를 잇는 모세교와는 달리 그 뒤 2천여 년에 걸친 정신적 발전에 심각한 장해를 초래한 미신, 마술, 신비적인 요소들의 침투를 외면하지 않았다.

기독교의 승리는 천오백 년의 세월을 훌쩍 뛰어넘어 드넓어진 무대에서 이루어진, 이크나톤 신에 대한 아몬교 사제들의 새로운 승리였다. 그러나 기독교는 종교사에선, 다시 말해 억압된 것의 회귀와 관련해서는 하나의 진보였고, 이때부터 유대교는 거의 굳어버린 화석이 되었다.

일신교 사상이 다름 아닌 유대 민족에게 왜 그토록 깊은 인상을 주었고, 이 민족이 왜 이 사상을 그토록 집요하게 견지했는지를 이해하는 것은 중요하니. 나는 이 질문에 답변할 수 있으리라 생각한다. 유대 민족과 선사 시대의 위업인 동시에 악업인 아버지 살해는 운명적으로 긴밀하게 엮여있었다. 운명은 유대 민족으로 하여금 훌륭한 아버지 형상인 인간 모세에게 아버지 살해를 반복하도록 했다. 이것은 기억하는 대신 "행동하는(agieren)" 경우로 신경증 환자를 상대로 하는 정신분석 치료 중 자주 일어나는 일이다. 모세의 교리가 일으킨, 기억을 유도하는 자극에 대해 유대인들은 그들 행위를 부정하는 반응을 보였다. 그들은 위대한 아버지를 존중하는 데 머물렀고 훗날 바울이 선사 시대를 이어주는 연결 고리로 삼았던 부분의 통로를 막아버렸다. 또 하나의 다른 위대한 인물에게 가해진 폭력적 살해가 바울이 새로운 종교를 정립하는 데 출발점이 되었다는 것은 무시 못 할, 결코 우연이 아닌 사실이었다. 이 위대한 인물, 유대 왕국의 소수 추종자들이 이 인물을 하느님의 아들로, 예고된 메시아[94]로 여기는데, 이 인물은 후에 모세의 날조된 어린 시절 이야기의 한 부분도 이어받는다. 하지만 실제로 우리는 모세에 대해 모르는 만큼이나 이 인물에 대해 모른다. 그가 실제로 복음서 저자들이 묘사하는 것처럼 위대한 스승이었는지, 그 인물에게 중요한 의미를 부여한 것은 오히려 그의 죽음의 상황과 사실이 아닌지 우리는 모른다. 그의 사도가 된 바울도 그를 직접 본적이 없었다.

유대 민족의 모세 살해 — 셀린이 전승의 흔적에서 알게 되었는데, 이상하게도 젊은 괴테는 아무런 증거도 없이 이 가설을 받아들였다 — 는 우리의 이론 구성에서 없어서는 안 될 부분이다.[95] 이것은 기억에서 사라진 선사 시대의 사건과 훗날 일신교

---

94 구약에서는 구세주를, 신약에서는 예수를 이른다: 옮긴이

95 《광야의 이스라엘 민족》, Israel in der Wueste 제7권 바이마르판

의 형태로 다시 나타난 현상을 이어주는 중요한 연결 고리가 된다.[96] 모세 살해에 대한 회한이 메시아가 다시 와서 유대 백성을 구원하고, 약속한 세계 지배를 실현한다는 소망적 환상을 유발했다는 추측은 매력적이다. 모세가 최초의 메시아였다면 그리스도는 모세의 대리인이고 후계자가 된 셈이다. 그렇다면 바울도 어느 정도 역사적 정당성을 가지고 백성들에게 이렇게 외칠 수 있었을 것이다. "보라, 메시아가 정말 오셨느니, 그분은 너희 눈앞에서 죽임을 당하셨도다." 그렇다면 그리스도의 부활에도 일말의 역사적 진실이 들어있다. 그리스도는 다시 돌아온 원시 무리의 원시 아버지이고, 아들로 변용한 모습으로 아버지의 자리에 대신 들어섰기 때문이다.

아버지 살해를 버릇처럼 고집스럽게 부정해온 딱한 유대 민족은 차차 죗값을 혹독히 치러야 했다. 사람들은 끊임없이 유대 민족을 비난했다. "너희들이 우리의 하느님을 죽였다" 제대로 번역한다면 이 비난에는 일리가 있다. 종교사와 관련해서는 바로 이런 말이기 때문이다. "너희들은 하느님을(하느님의 원형, 원시 아버지, 훗날의 재생 Reinkarnation)죽였다는 사실을 인정하지 않으려 한다." 그러면 이런 진술이 뒤따를 수 있다. "물론 우리도 같은 행위를 범했지만 그 사실을 고백함으로써 우리 죄를 씻었다." 반유대주의가 유대 민족의 자손들을 박해하면서 가하는 비난 전부

---

96 이 주제에 대해서는 프레이저Frazer의 유명한 논의를 참고할 것,《황금 가지》
     제3부 '죽어가는 신'

가 비슷한 식으로 정당화될 수 있는 것은 아니다. 집중적이고 끈질긴 유대인 증오의 현상은 물론 하나가 아닌 여러 원인에서이다. 그 원인들 중에는 설명이 필요치 않은 분명하고 현실적인 원인이 있는 반면, 알려지지 않은 보다 뿌리 깊은 근원에서 유래하는 원인, 다시 말해 특별한 동기들로 인한 원인도 짐작할 수 있다. 전자의 경우, 유대인이 이방인이기 때문에 증오의 대상이 된다는 설명은 설득력이 전혀 없다. 왜냐하면 오늘날 반유대주의가 기승을 부리는 많은 지역의 경우 그곳에서 오랫동안 살아온 유대인들이 많고, 현 주민들이 이주해오기 전부터 유대인들이 살았던 지역도 있기 때문이다. 예를 들면 도시 쾰른이 그렇다. 쾰른이 게르만인에게 점령당하기 전부터 유대인들은 로마인과 함께 이 도시에 들어왔다. 유대인 증오를 촉발한 보다 더 강력한 원인 중 하나는 유대인들이 대부분 소수자로 다른 민족 사이에서 살고 있기 때문이다. 변방의 소수자에 대한 적개심은 한 집단의 연대감을 증진하는 데 도움이 된다. 배척당한 집단의 수적 열세는 다수 집단의 압제를 불러온다. 그런데 이외에도 전혀 용납될 수 없는 두 가지 특성이 유대인들에겐 있다. 첫째, 이들이 여러 면에서 "주인 민족"과는 다르다는 점이다. 근본적으로 다르다는 것은 아니다. 유대인은 적들 주장처럼 인종이 다른 아시아인이 아니다. 이들은 대부분 지중해 연안 민족들의 자손으로 구성된, 지중해 문화를 계승한 민족이다. 그러나 이들은 다르다. 특히 북방 민족과는 어딘지 모르게 다르다. 이상하게도 대중의 편협성은 근본적으로 다를 때보다 조금 다를 때 더 격렬하게 표현되곤 한다. 두 번째 특성은 더욱 강력하다. 유대 민족은 온갖 억압에 완강히 저항했다. 어떤 참혹한 박해도 이 민족을 말살시키지 못했다. 오히려 이들은 상업 부문에서 탁월한 능력을 보여주었고 허가된 분야면 어디에서든 모든 문화적 활동에 훌륭한 기여를 했다.

유대인을 증오하는 보다 깊은 동기는 아득한 과거로 거슬러 올라간다. 이것은 민족의 무의식에서 작동한다. 이 말이 처음에는 선뜻 믿어지지 않겠지만 말이다. 자신들이 아버지 하느님의 총애를 받는 장자라고 자칭하여 얻게 된 타민족의 질시는, 마치 그들이 그 주장을 믿기라도 하듯 오늘날에도 극복되지 못한 채 남아있다고 나는 감히 주장한다. 이외에도 유대인을 다른 민족과 구별되게 하는 풍습 중 할례 풍습은 불쾌하고 섬뜩한 인상을 심어주었다. 이것이 거세 공포를 일깨우고 태곳적 과거의 잊어버리고 싶은 부분을 건드리기 때문이다. 이러한 일련의 동기 가운데 가장 최근에 유대인에 대한 증오를 부추긴 계기가 있었다. 오늘날 유내인을 눈에 띄게 증오하는 민족은 모두 역사 시대에 들어와서야 기독교도가 되었는데, 그들은 종종 피비린내 나는 강제에 내몰려 기독교도가 되었다. 그들은 모두 "잘못 세례를 받았고" 기독교의 얄팍한 겉치레에 머물렀는데, 야만적인 다신교를 신봉했던 그들의 조상과 별다를 게 없을지도 모른다. 자신들에게 강요된 새로운 종교를 겨냥한 그들의 원한은 극복되지 못했다. 그 대신 그 원한은 기독교를 전해준 원천으로 향했다. 복음서가 유대인들 사이에 벌어진 이야기이고 실제로 오로지 그들에 대한 이야기라는 사실은 이러한 전이를 수월하게 만들었다. 유대인 증오는 근본적으로 기독교도에 대한 증오이다. 두 일신교 간의 이 긴밀한 관계가 독일의 국가사회주의 혁명에서 명백한 적대 관계로 두드러지는 것은 놀라운 일이 아니다.

E. 어려운 문제들

나는 앞부분에서 신경증의 발달 과정과 종교적 사건 간의 유사점을 짚어봄으로써 전혀 예상하지 않았던 종교적 사건의 근원을 제시할 수 있었다. 그런데 개인심리학에서 군중심리학으로 이행하는 과정에서 성격이나 가치가 서로 다른 두 가지 어려운 문제가 나타났는데, 이제부터 이 문제에 대해 살펴보기로 하겠다. 첫 번째 문제는 우리가 여기서 내용이 풍부한 종교 현상학에서의 한 사례만 다루었을 뿐, 다른 것에는 관심을 기울이지 못한 점이다. 유감스럽지만 필자는 이 사례밖엔 제시할 수 없고, 솔직히 전문 지식이 부족해서 이 연구를 완결할 수도 없다. 그러나 한정된 지식이나마 하나 더 덧붙여 본다면, 이슬람교의 창설 사례가 축약된 유대교의 반복, 모방처럼 보인다는 점이다. 예언자 마호메트는 본래 자신과 민족을 위해 유대교를 완전히 받아들일 의도가 있었던 것 같다. 유일하고 위대한 원시 아버지를 되찾음으로써 아랍인들의 자부심은 상당히 고양되었다. 이 자부심으로 그들은 세상에서 대성공을 거두지만, 또한 그것으로 인해 그들의 힘은 고갈되고 말았다. 알라신은 자신의 선민에게 일찍이 야훼가 백성들에게 베푼 것보다 훨씬 더 큰 은혜를 베풀어주었다. 그러나 새로운 종교의 내적 발전은 곧 정체되고 만다. 그 이유는 아마도 종교 창시자에 대한 살해로 인해 종교의 심화가 촉발되었던 유대교의 경우와는 달리 그러한 심화 과정이 없어서였을 수도 있다. 겉으론 합리주의적인 것처럼 보이는 동방 종교들은 본질적으로 조상 숭배이다. 말하자면 이슬람교도 기존의 것들을 재구성하는 초기 단계에서 멈춘 것이라고 볼 수 있다. 오늘날 원시민족들에게 있어 신에 대한 숭배가 그들 종교의 유일한 내용물임이 사실이라면, 이것을 종교 발전이 정지된 상태라고밖에 이해할 수 없고, 다른 분야 어디에서든 무수히 확인되는 미발달의 신경증(rudimentaerer Neurose)과 연관해서 생각해볼 수 있다. 여기든 저기든 두 경우 모두 왜 더 이상의 진전이 이루어지지 않았는지 우리는 이해할 수 없다. 이들 민족의 개별적인 재능 및 활동 성향, 그리고 일반적 사회 상황의 추세에도 책임이 있다고 생각된다. 덧붙여 말하자면 정신분석 작업의 기본 규칙은 실재하는 것을 해명하는 것이지, 실재하지 않은 것을 해명하려 하지는 않는다.

군중심리학으로 이행하는 과정에서 드러나는 두 번째 난제는 또 하나의 근본적인 문제를 제기하기에 훨씬 더 중요한 의미를 가진다. 이것은 영향력을 가진 전승이 민족의 삶 속에서 어떤 형태로 존재하는지 질문하고 있다. 개인의 경우에 이러한 질문은 성립하지 않는다. 왜냐하면 이 문제는 개인의 무의식 안에 존재하는 과거 기억의 흔적들을 통해 해결될 수 있기 때문이다. 그렇다면 우리의 역사적 실례로 돌아가 보도록 하자. 우리는 이집트에서 돌아온 사람들 사이에 큰 영향을 발휘하는 전승이 존속할 수 있었던 이유를 카데스에서의 타협으로 보았다. 이 경우 문제 될 것이 전혀 없다. 우리의 가정에 따르면, 이러한 전승은 당대 사람들이 불과 몇 세대 전의 선조들로부터 구전으로 전해 들은 이야기의 의식적인 기억에 바탕을 두고 있다. 선조들은 문제의 사건에 참여했거나 그 사건을 직접 목격한 사람들이었다. 하지만 그 후 몇 세기를 내려오면서도 그러했다고 믿을 수 있는 것일까? 전승 이야기가 언제나 정상적으로 전해진 지식에 기초해 조부에서 손자로 이어져 내려올 수 있었겠느냐는 것이다. 이러한 지식을 보존하고 구전으로 다음 세대에 전한 사람들이 누구였는지는 앞의 경우처럼 명시하기가 어렵다. 셸린은 모세 살해에 대한 이야기가 사제 층에서 전해 내려오다가 결국 문자로 정착되었다고 주장한다. 이 전승에 대한 셸린의 설명도 오로지 이 기록 덕분이다. 하지만 모세 살해의 전승은 민간전승이 아닌, 극히 소수에게만 알려진 전승이었을 것이다. 이것으로 이 전승이 지닌 영향력을 충분히 설명할 수 있는 것일까? 이처럼 소수만이 알고 있던 지식이 대중에게 알려지면서 대중을 지속적으로 사로잡을 만큼 큰 영향을 발휘해냈다고 생각할 수 있을까? 그랬다기보다는 아마도 이 전승을 알지 못하는 일반 백성들 사이에 소수 사람만이 아는 내용과 어느 정도 유사한 이야기가 존재하고 있었는데, 이 소수의 지식이 밖으로 알려지자 대중이 이를 기꺼이 받아들인 것처럼 보인다.

선사 시대로 거슬러 올라가 이러한 유추 현상에 대해 살펴보면 판단은 더욱 어려워진다. 우리가 그 특성을 알고 있는 원시 아버지의 존재 사실과 그가 겪었던 운명은 수천 년 세월이 흐르면서 잊힌 것이 분명하다. 모세의 경우에는 구비 전승이 존재했지만 원시 아버지와 관련한 구비 전승은 없다. 그렇다면 어떤 의미에서 전승이 고려되어야 한다는 것일까? 전승은 어떤 형태로 존재했었을까?

복잡한 심리학적 사실들과 그 연관 관계를 심도 깊게 파고들 생각이 없거나 혹은 그럴 준비가 되어 있지 않은 독자들의 이해를 돕기 위해 나는 먼저 이 연구의 결과부터 제시하겠다. 군중의 경우에도 과거의 인상은 무의식적 기억의 흔적 안에 남는다. 나의 견해로는 개인과 군중이 이 점에서 거의 일치한다.

개인의 경우, 우리는 이것을 선명히 볼 수 있다. 과거 체험에 대한 기억 흔적은 개인의 내부에 특수한 심리적 상태로만 남아 있다. 억압된 것에 관해 아는 만큼 개인은 그 체험에 대해 항상 알고 있었다고 말할 수 있다. 우리는 어떤 게 어떻게 잊히고 후에 어떻게 다시 나타나는지에 대해 일정한 표상들을 형성해왔다. 이것은 분석을 통해 쉽게 확인할 수 있다. 잊힌 것은 소멸한 것이 아니고 "억압"되어 있을 뿐이다. 잊힌 것의 기억 흔적들은 생생히 존재하지만 "반집중(Gegenbesetzung)"에 의해 고립된 상태로 존재하기 때문에 다른 지적 과정들과 교제를 시작할 수가 없다. 그것들은 무의식 속에 존재하지 의식에 접근할 수 없다. 그러나 억압된 것의 일부가 이 과정에서 떨어져 나와 기억 속에 머물러 있다가 문득 의식으로 떠오르는 경우도 종종 있다. 그렇더라도 이것은 다른 것들과는 아무 관계가 없는 이물질처럼 고립되어 나타난다. 이런 경우도 있을 수 있다는 것이지 꼭 이렇다는 것은 아니다. 억압은 완벽히 이루어질 수도 있다. 이에 대해 좀더 상세히 살펴보기로 하자.

억압된 것은 의식 안으로 밀고 들어오려고 꾸준히 노력한다. 이것은 다음 세 가지 경우에 그 목적을 달성한다.

1. 반집중의 강도가 다른 부분, 소위 자아를 엄습한 질병 과정에 의해 약화하거나 혹은 보통 수면 상태에서 일어나듯 자아 내의 집중적 에너지의 배분 변화를 통해 약화할 경우.

2. 억제된 것에 부착하는 욕동 부분이 특별히 강화될 경우. 사춘기 과정은 가장 좋은 예이다.

3. 어느 시점의 새로운 체험에서 나타난 억압된 것과 유사한 인상, 체험이 억압된 것을 깨어나게 하는 경우.

마지막 경우에는 새로운 체험이 억압된 것의 잠재 에너지에 의해 강화되고, 억압된 것은 새로운 체험에 힘입어 그 배후에서 영향력을 발휘한다. 그러나 이 세 가지 경우에 지금껏 억압되어 있던 것이 있는 그대로 순조롭게 의식되는 경우는 없다. 어떤 경우에도 반집중에서의 완전히 극복되지 않은 저항과 새로운 경험의 제한된(modifizierende) 영향으로 인해, 혹은 이 두 가지 영향으로 인해 왜곡은 불가피하다.

심리적 과정이 의식적인지 무의식적인지를 구분하는 문제는 우리가 우리의 태도를 아는 수단과 기준의 역할을 해왔다. 억압된 것은 무의식이다. 만약 이 명제가 역으로도 성립한다면, 다시 말해 의식(bw)과 무의식(ubw)의 질적 구분과 자아에 속하는 것과 억압된 것의 구별이 맞아떨어진다면 문제는 반갑게도 단순해진다. 우리의 정신생활에서 이처럼 고립되고 무의식적인 것들이 존재한다는 사실은 새롭고 상당히 중요하다. 그러나 실제 상황은 훨씬 복잡하다. 억압된 모든 것이 무의식적인 것은 맞다. 하지만 자아에 속하는 모든 것이 의식적이라곤 할 수 없다. 우리가 주목해야 할 점은 의식은 순간적인 심리적 과정에 부착되는 일시적인 속성(Qualität)이라는 것이다. 그러므로 우리 목적을 위해서는 "의식적"을 "의식 가능한"으로 대체하고, 이러한 속성을 "전의식적(vbw)"이라고 불러야 한다. 자아는 본질적으로 전의식적(잠재적으로 의식적인)이지만 자아의 부분들은 무의식적이라고 말하는 것이 훨씬 더 타당하다.

위에서 확인한 바와 같이 우리가 지금까지 의지해온 질(Qualität)들은 정신생활의 어둠 속에서 길을 보여주는 데 충분하지 않다는 것을 알 수 있다. 그러므로 질적인 것이 아니라 장소론적(topisch)이고 — 특별한 가치를 지닌 — 동시에 발생적(genetisch)인 또 다른 구분을 도입해야만 한다. 이제 우리는, 여러 심급 혹은 구역, 영역을 구성하는 기관이라고 이해하는 정신생활에서 본래 자아(das eigentliche Ich)라고 불리는 영역과 에스[97]

---

97 Es 이드: 옮긴이

라고 불리는 영역을 분리한다. 에스는 자아보다 더 오래된 것이다. 자아는 외부의 영향으로 인해, 피질층처럼, 에스에서 발전해 온 것이다. 우리의 원초적 욕동은 에스에서 작용하고, 에스에서의 모든 과정은 무의식적으로 진행된다. 앞에서 언급한 바와 같이 자아는 전의식의 영역과 일치한다. 자아에는 일반적으로 무의식적인 부분들이 포함되어 있다. 에스에서의 심리적 과정은 그 흐름과 상호작용에서 자아를 주도하는 법칙과는 전혀 다른 법칙을 따른다. 사실 이 차이가 발견된 덕분에 우리는 새로운 견해를 정립하고 정당화할 수 있다.

억압된 것은 에스(Id)에 속하는 것으로 간주하여야 하며 에스의 심적 기제(메커니즘)를 따른다. 억압된 것과 에스는 발생 과정에서만 다르다. 이러한 분화는 자아가 에스에서 발전하는 초기에 이루어진다. 에스의 내용물 일부는 자아에 수용되고 전의식적 상태로까지 고양된다. 변형되지 않은 다른 부분은 무의식적인 본래 형태로 에스 안에 남는다. 자아 형성이 다음 단계로 넘어가면서 자아 안의 특정한 심리적 인상들과 심리적 과정들이 방어 과정에 의해 제외된다. 다시 한 번 이것들은 전의식적 특성을 잃게 되고 다시 에스의 구성 요소로 강등된다. 바로 이것이 에스 안의 "억압된 것"이다. 따라서 이 두 정신 영역의 상호 교류에서 우리는 에스 안에서의 무의식적인 과정이 전의식 수준으로 고양되어 자아에 동화될 수 있는 한편, 다른 한편으로는 자아 안의 전의식적인 것이 거꾸로 에스로 되돌아갈 수 있음을 가정할 수 있다. 이밖에도 후에 자아 안에서 특별한 구역으로 구분되는

"초자아(Ueber—Ich)"가 있는데, 이것은 현재 우리의 관심사가 아니다.

이 모든 것은 결코 간단해 보이지 않는다. 그러나 정신 기관(seelische Apparat)을 공간적으로 이해하는 다소 낯선 방법에 익숙해지면 표상하는 데 큰 어려움은 없을 것이다. 덧붙이자면 여기서 전개한 정신 기관의 장소론(Topik)은 두뇌 해부학과 아무 관계가 없다. 실제로 한 군데서만 살짝 건드릴 뿐이다. 누구나 그렇듯 나 역시 이 표상이 불충분하다는 느낌을 받는데, 이는 정신 과정의 역동성에 대한 우리의 무지에서 기인한다. 우리는 의식적인 표상과 전의식적인 표상을 구분하고, 전의식적인 표상과 무의식적인 표상을 구분하는 것이 바로 심리적 에너지의 변환에, 어쩌면 심리적 에너지의 서로 다른 배분 양상에 기인한다고 본다. 우리는 집중(Besetzung)과 과잉 집중(Überbesetzung)에 대해 말하지만, 그것 외에는 어떤 지식도 없고 유용한 연구 가설에 단서가 될 만한 것조차 찾지 못하고 있다. 의식 현상들에 관해 우리가 제시할 수 있는 것은 의식 현상이 본래 시각과 연관되어 있다는 점이다. 통각, 촉각, 청각, 시각 자극을 지각함으로써 생기는 모든 감각은 가장 빠르게 의식되는 것들이다. 사고 과정과 에스 안에서의 이와 유사한 과정은 원래 무의식적이다. 이는 시각적, 청각적 지각에서 비롯한 기억의 잔재들과 연결되고 언어 기능을 통해 의식에 접근한다. 언어 기능이 없는 동물에게는 이 상황이 더욱 단순할 것이다.

우리의 출발점이었던 과거의 외상에서 비롯된 인상들은 전의식으로 옮겨가지 않거나 혹은 억압에 의해 곧바로 에스 상태로 되돌아간다. 이 경우에 기억의 잔재는 무의식적인 것으로 에스에서 작용하게 된다. 기억의 잔재가 직접 체험에서 유래한 것이라면 그것의 향후 운명은 쉽게 추적될 수 있으리라고 생각한다. 그러나 개인의 정신생활에서 직접 체험한 것들뿐 아니라 태어날 때부터 내재한 내용물로 계통 발생적 기원을 가진 것들, 말하자면 원시 시대의 유산 또한 작용을 일으킬 수 있는데, 이러한 개연성을 주시하면 새로운 난제와 만나게 된다. 과연 이 원시 시대 유산의 실체는 무엇이고 거기엔 무엇이 포함되어 있으며 또 그 증거는 무엇이냐는 질문이 그것이다.

이 질문에 대해 바로 떠오르는 가장 확실한 대답은 원시 시대 유산이 모든 생물체의 특징과 같은 특정 소질(Dispositionen)을 지닌다는 것이다. 다시 말해 원시 시대 유산은 발전 과정에서 일정한 방향으로 나아가면서 모종의 흥분, 인상, 자극들에 대해 특별한 방식으로 반응하는 능력과 경향을 보여준다. 경험이 보여주듯 인간은 개인마다 이러한 면에서 차이가 있다. 따라서 이러한 차이를 원시 시대 유산도 포괄하고 있다. 이 차이들은 각 개인이 지닌 체질적 특징으로 인지된다. 모든 사람은 적어도 어린 시절에 거의 동일한 것을 체험하기 때문에 그것에 대해서도 같은 식으로 반응한다. 그렇다면 이러한 반응을 개인적인 차이와 함께 원시 시대 유산에 포함시켜야 되지 않느냐고 질문할 수 있다. 그러나 그렇지 않다. 동일하다는 사실이 원시 시대 유산에 대한 우리의 지식에 아무런 보탬이 되지 않기 때문이다.

그러나 분석 연구는 우리가 생각해봐야 할 몇 가지 결과물을 내놓았다. 첫째는 언어 상징의 보편성이다. 모든 아이가 한 대상을 상징적 대리물이나 상징적 행위를 통해 표현한다는 것은 너무나 잘 알려진 사실이다. 우리는 아이들이 그것을 어떻게 습득했는지 입증할 수 없으며, 또한 많은 경우에 습득 자체가 불가능하다는 것을 인정하지 않을 수 없다. 그것은 성인이 되면서 잊어버린 근원적 지식이다. 잊어버렸지만 성인도 꿈에서는 똑같은 상징들을 이용한다. 그러나 정신분석가가 해석해주지 않으면 그는 그 상징들을 이해하지 못한다. 해석해준다고 하더라도 그는 분석가의 번역을 좀처럼 믿으려 하지 않는다. 상징적 표현이 고정된, 흔한 상투어를 사용했다면 그는 그것의 본래 의미를 전혀 알아차리지 못하고 사용했을 것이다. 또한 상징적 표현에 있어 언어의 다양성은 문제 되지 않는다. 조사해보면 상징적 표현이 동일한 의미를 가지고 모든 민족에 편재해 있는 것을 보게 될 것이다. 상징적 표현은 언어가 발달하기 시작한 시대의 한 원시적 유산임이 확실해 보인다. 그러나 다른 설명도 가능하다. 여기에서 주제는 역사적인 언어 발전 과정에서 생성되었던 표상들 사이의 사고 관계(Denkbeziehung)에 대한 것으로, 이것은 각 개인의 언어 발전이 진행될 때마다 되풀이되곤 한다. 그렇다면 이것은 욕동 소질(Triebdisposition)의 유전과 같은 사고 소질(Denkdisposition)의 유전 사례가 될 수 있을 것 같다. 하지만 이것이 우리 문제엔 별 도움을 주지 못한다.

그러나 분석 작업은 지금까지의 그 어떤 것보다 파급효과가 큰 사실을 밝혀내기도 했다. 우리는 어린 시절의 외상에 대한 반응을 연구할 때마다, 이 반응이 실제로 체험한 것에만 머무르지 않고 그것에서 떨어져 나와 계통 발생적 사건의 전형에 훨씬 잘 맞아떨어지고 일반적으로 그 사건의 영향에 근거해서만 설명이 가능한 양상을 보이는 것에 자주 놀라곤 한다. 이런 반응은 신경증에 걸린 아이가 오이디푸스 콤플렉스나 거세 콤플렉스에서 보이는 부모에 대한 태도에서 많이 볼 수 있다. 개인적으로 부당해 보이는 이러한 반응은 계통 발생적으로만, 즉 옛 세대의 체험과 관련지어서만 설명할 수 있다. 여기에서 예시 자료를 한데 모아 세상에 발표하는 것은 매우 보람 있는 일이 될 것이다. 이 자료는 우리 주제에서 한 걸음 더 나아가 인류의 원시적 유산이 소질뿐만이 아닌 옛 세대 체험의 기억 흔적까지 내포하고 있다고 과감히 주장할 수 있을 만큼 충분한 증명력을 가진 것 같다. 이로써 원시적 유산의 규모나 의미는 보다 높은 중요성을 가지게 될 것이다.

곰곰이 더 생각해보면 우리는, 오래전부터 조상들이 체험한 것에 대한 기억 흔적들의 유전이 직접적인 전달 그리고 예증을 통한 교육의 영향과는 무관할 것 같다는 태도를 취해왔다. 한 민족이 지닌 옛 전승의 지속성 및 그 민족성의 형성에 대해 말할 경우, 우리는 대체로 물려받은 전승을 생각했지 전달되는 전승을 생각하지 않았다. 또한 이 두 문제를 구분하지도 않았던 태만함이 얼마나 무모했는지도 의식하지 못했다. 물론 획득형질이 다음 세대로 유전되지 않는다는 현 생물학의 견해가 이런 상황을 더욱 어렵게 만든 측면도 있다. 하지만 그럼에도 불구하고 생물학적 발달에서 이 요인을 도외시할 수 없다고 겸허히 피력하는 바이다. 양쪽의 문제가 동일한 것은 아니다. 한쪽에선 파악하기 쉽지 않은 획득형질이 문제가 되고, 다른 한쪽에선 외적 인상들 이를테면 구체적인 것의 기억 흔적이 문제가 된다. 그러나 근본적으로 이 둘을 떼어놓고 생각할 수가 없다. 원시의 유산에 기억 흔적들이 존속해 온다고 가정한다면, 우리는 개인심리학과 군중심리학 사이의 간극에 다리를 놓는 셈이 된다. 즉 개개의 신경증 환자를 다루듯이 민족들을 다룰 수 있다는 것이다. 물론 현재 원시 유산에 기억 흔적들이 존재한다는 증거로 계통 발생론에 의거한 추론이 요구되는 분석 작업에서의 잉여 현상 이외에 더 강력한 증거가 없음을 인정한다. 그러나 이 증거는 이 같은 실제 내용을 주장해도 좋을 만큼 강력해 보인다. 그렇지 않다면 분석에서도, 군중심리학에서도 우리가 접어든 길로는 한 걸음도 더 나아갈 수 없다. 대담한 시도이지만 피할 수가 없다.

이것을 통해 우리는 다른 문제도 다룰 수 있다. 우리는 고대 인류의 오만이 갈라놓은 인간과 동물의 현격한 차이를 좁힐 수 있다. 새로운 생활환경에 놓인 동물들이 처음부터 오래된 낯익은 환경인 듯 행동하는 이른바 동물의 본능을, 본능 생활을 설명할 수 있다면, 그들 종(種)의 체험이 새로운 생존에 답습되었다는, 다시 말해 윗대의 체험에 대한 기억이 보존되어 왔다는 단 하나의 설명만이 가능하다. 인간 동물도 근본적으로 다를 게 없다. 인간 고유의 원시 유산은 동물의 본능에 상응한다. 그것의 범위와 내용은 다르더라도 말이다.

이러한 논지를 바탕으로, 나는 옛날에 원시 아버지가 존재했었고 인류가 그를 살해했다는 것을, 또 인류가 — 이런 특별한 방식으로 — 그 사실에 대해 늘 알고 있었다는 점을 의심하지 않는다.

이제 두 가지 문제가 더 남아있다. 첫째, 어떠한 상황에서 이러한 기억이 원시 유산에 자리하게 되는가? 둘째, 그 기억은 어떠한 상황에서 활동적이 되는가, 다시 말해 변형되고 왜곡된 기억이겠지만 어떤 상황에서 에스의 무의식 상태에서 나와 의식으로 넘어오는가? 첫 번째 물음에 대한 대답은 간단하다. 이것은 사건이 중대하거나 자주 반복되는 상황에서 혹은 이 두 조건이 겹치는 상황에서 일어날 수 있다. 아버지 살해는 이 두 가지 조건을 충족시킨 경우이다. 두 번째 물음에 대해선 이렇게 말할 수 있다. 여기에서 고려할 수 있는 영향 요인은 무수하지만, 다 알아야 할 필요는 없다. 또한 여러 신경증의 진행 과정과 유사한 형태의 자발적인 과정도 생각해볼 수 있다. 하지만 결정적인 것은 현재 실제로 반복되는 사건을 통해 잊혔던 기억 흔적이 되살아난다는 사실이다. 모세 살해가 바로 이러한 반복이었다. 훗날 오판에 의한 사형 선고로 추정되는 그리스도 사건도 그렇다. 그렇기 때문에 이 사건들이 중요한 원인으로 부각되는 것이다. 마치 유일신교의 발생에서 없어선 안 되는 사건들처럼 말이다. 한 시인의 진술이 생각난다.

"노래 속에서 영원한 생명을 누리려면, 삶에서 사라져야 한다."[98]

끝으로 심리학적 논증을 제시해보겠다. 전달의 수단에만 기초하는 전승은 종교적 현상에서 나타나는 강박적 특성을 유발하지 못한다. 이러한 전승은 일상적인 외부 소식처럼 경청 되고 판단되고 경우에 따라선 받아들여지지 않는다. 논리적 사고의 강제에서 벗어나는 특권을 결코 누리지 못한다는 말이다. 우리가 경악하며 지금껏 몰이해의 시선으로 바라보아온 종교 전승에서처럼, 전승이 회귀해서 막강한 영향력을 행사하며 대중을 위압적으로 사로잡기 이전에 일단 전승은 억압의 운명을 짊어지고 무의식에 머무는 상황을 겪어야 한다. 이러한 숙고는 우리가 열심히 묘사했듯 실제로 그러했고, 적어도 비슷했을 거라는 우리의 믿음에 상당한 무게를 실어준다.

---

98   실러(Schiller), '그리스의 신들(Die Götter Griechenlands)'

제2부

개요와 반복

다음의 논문 부분은 상세한 설명과 변명 없이는 공식적으로 발표할 수 없는 내용이다. 왜냐하면 이 부분은 바로 제1부 내용의 충실한 반복에 불과하고 내용을 그대로 옮긴 곳도 꽤 있기 때문이다. 또 비평적인 연구 내용을 축약한 부분도 더러 있는 데다 유대 민족이 지닌 특성의 형성 과정과 관련해선 덧붙인 내용도 있다. 나는 이런 식의 서술이 부적당하고 비예술적이라는 것을 잘 알고 있다. 나 자신도 이러한 서술 방식이 못마땅할 뿐이다.

그렇다면 왜 이러한 서술 방식을 피하지 못했던가? 이 물음에 답변하긴 어렵지 않다. 하지만 고백한다는 것 자체가 나로선 쉬운 일이 아니다. 나는 어쨌든 예사롭지 않았던 이 논문의 성립 과정이 남긴 흔적을 감출 수가 없다.

사실 나는 이 논문을 두 차례에 걸쳐 썼다. 처음 쓴 것은 몇 년 전 빈에서였는데, 당시 나는 이 논문을 출판할 수 있으리라곤 생각지도 못했다. 그래서 그대로 내버려 두기로 했다. 그런데 이것이 마치 한 서린 망령처럼 나를 괴롭혀댔다. 결국 나는 이 논문을 두 편으로 나눠 각각 잡지 《이마고》에 실었다. 정신분석학적인 앞쪽 편과(《이집트인 모세》) 여기에 바탕을 둔 역사적 구성 편(《모세가 이집트인이었다면》)이 그것들이다. 불쾌하고 위험한 내용이 담긴 나머지 부분, 다시 말해 유일신교의 발생과 종교 일반의 이해에 적용된 내용은 애초부터 발표를 자제했고 또 영원히 그럴 것으로 생각했다. 그러던 중 1938년 3월 돌연 독일이 침공해왔고, 나는 고향을 떠나야만 했다. 고향을 떠나기 전에는 나의 논문 발표로 인해 당시까지는 용인되고 있던 정신분석학이 자칫 금지되는 사태까지 벌어지지 않을까 싶어 우려가 컸는데, 고향을 떠나오니 그 우려에서 벗어날 수 있었다. 영국에 도착한 즉시 나는 보류하고 있던 원고를 세상에 공개하고 싶다는 유혹을 도저히 떨쳐버릴 수가 없었다. 그래서 이미 발표한 두 편에 잇대어 연구 논문의 세 번째 부분을 손질하기 시작했다. 물론 이 과정에서 자료의 배치 순위가 일부 바뀌기도 했다. 두 번째의 개작에서 나는 전체 소재를 다 담아낼 수가 없었고, 또 한편으론 첫 번째 원고를 완전히 포기해야 할지 마음을 정하지 못하고 있었다. 그러다가 결국 두 번째 원고에 이어 첫 번째 논문을 그대로 갖다 붙이는 식으로 했는데, 단점은 상당 부분이 반복된다는 것이다.

그러나 나는 이 서술 방식이 옳으냐 그르냐를 떠나 여기서 다루는 문제들이 어쨌든 새롭고 중요하다는 생각을 위안으로 삼고자 한다. 독자들은 똑같은 내용을 두 번 읽게 되는 셈이지만 그것이 꼭 나쁘지만은 않다. 아무리 말해도 지나치지 않는, 한 번 이상은 말할 필요가 있는 것들도 존재하는 법이다. 하지만 이 부분을 건너뛸 것인지, 다시 한 번 그 문제로 돌아갈 것인지는 독자가 결정해야 한다. 한 책에 같은 내용을 두 번이나 넌지시 담는 일이 있어선 안 된다. 이러한 행위는 비난받아 마땅하고 부적절한 행위이다. 그러나 유감스럽게도 저자의 창조력이라고 하는 것이 늘 그 저자의 의지대로 되는 것이 아니다. 작품은 자기 나름의 방향으로 흘러가기도 해서 저자의 의도와는 상관없는 모습을, 때로는 생소하기까지 한 모습을 보어주기도 한다.

a) 이스라엘 민족

우리의 연구 방식처럼, 전승된 자료 중에서 도움이 될 만한 자료는 수용하고 쓸모없는 것은 내던지면서 각각의 자료를 심리학적 개연성에 맞춰 이론을 구성하는 이러한 기법은, 진리를 찾아내는 확실한 방법이 되지 못한다. 그렇다면 이런 연구를 왜 하는지 마땅히 물어볼 법하다. 이에 대한 대답은 연구 결과에서 찾을 수 있다. 역사적 심리학적 연구에 대한 엄격한 요구를 상당 정도 완화한다면, 우리가 주목할 만하고, 또 현재 일어난 사건으로 인해 관찰자의 새로운 관심을 요구하는 문제들을 해명할 수 있을지도 모른다. 알다시피 지중해 분지 주위에 살던 고대 민족들 가운데 지금까지도 그 이름과 실체를 유지하면서 현존하는 민족은 아마 유대 민족밖에 없을 것이다. 유대 민족은 전례 없는 저항의 힘으로 잇따른 재앙과 핍박에 맞서면서 고유의 특성을 발전시켜왔는데, 이와 동시에 다른 민족들의 맹렬한 반감을 사기도 했다. 유대인의 이러한 강한 생명력은 어디에서 유래하는지, 이들의 특징과 운명과의 연관성은 무엇인지 좀 더 살펴보기로 하겠다.

다른 민족들과의 관계에서 두드러지는 유대인의 특성에서 출발해보자. 유대인들은 자존감이 높고, 자신들을 다른 민족보다 더 고급이고 고귀하고 우월한 민족으로 여긴다는 것은 의심할 여지가 없다. 또한 타민족과는 풍습부터 많이 달라서 구별되고 있다.[99] [100]

이러한 자존감은 마치 은밀히 소유하는 귀중한 재산이라도 되듯 유대인들의 삶에 특별한 확신, 일종의 낙천주의를 심어주었다. 거룩한 사람들은 이것을 하느님에 대한 신뢰라고 부를 것이다.

우리는 이들이 이렇게 행동하는 원인이 무엇인지, 그 비밀 보화가 무엇인지 안다. 유대인들은 실제로 자신들을 하느님으로부터 선택받은 민족으로 여기고 하느님과 특별히 가까운 사이라고 믿기 때문에 긍지가 높고 확신에 차 있다. 믿을만한 보고에 따르면 유대인은 헬레니즘 시대에도 오늘날과 같은 태도를 보였다고 한다. 그러니까 그때 이미 유대인의 전형을 갖추고 있었던 셈이다. 당시 유대인들과 섞여 살던 그리스인들은 이들의 특성에 대해 오늘날의 "숙주 민족[101]들(Wirtsvölker)"과 똑같은 반응을 보였

---

99 고대 사람들은 유대인들을 "문둥이"라고 손가락질했는데, 이것은 일종의 투사 심리였다. "유대인들은 우리를 문둥이나 되는 것처럼 멀리한다.": 마네토 Manetho 참조.

100 마네토: BC 3세기 초 이집트의 대사제로 고대 이집트어 사료에 바탕을 둔 그리스어의 《이집트지》(3권)를 저술하였다: 옮긴이

101 숙주란 생물학적 개념으로 기생 생물에게 영양을 공급하는 생물을 뜻하는데, 독일 나치즘 시대에 아리안족과 유대인을 구별 짓는 인종 차별적인 단어로 사

다고 한다. 다시 말해 이스라엘 민족이 자신들의 우월성을 내세웠듯 그리스인들 역시 자신들 스스로가 우월하다고 믿었던 것이다. 두려움의 대상인 아버지가 남달리 사랑하는 귀염둥이가 형제의 질투를 받는 것은 이상한 일이 아니다. 이러한 질투심이 어떤 결과를 낳는지는 요셉과 그의 형제들에 대한 유대 전설에서 잘 드러난다. 세계사의 전개 과정을 보면 유대인들의 자만심이 정당한 듯 보인다. 훗날 하느님은 인류의 구원을 위해 메시아를 보내는데, 하느님은 구세주를 또 유대 민족 가운데서 선택한다. 당시 다른 민족들은 이렇게 생각했을 수도 있을 것이다. "그래, 유대인들 말이 맞아, 그들은 역시 하느님으로부터 선택받은 민족이야." 하지만 그와는 다른 상황이 펼쳐졌다. 유대인들은 예수를 구세주로 인정하지 않았다. 그래서 두 번째 받은 총애에서 아무런 이익을 얻지 못했고, 예수 그리스도에 의한 구원은 유대인에 대한 증오를 심화시켰을 따름이다.

이제 우리는 앞서 논의한 내용을 바탕으로 유대 민족에 이런 중요한 특성을 영원히 각인시킨 이가 인간 모세였다는 주장을 제기할 수 있다. 모세는 유대인들이 하느님으로부터 선택받은 민족임을 확언함으로써 민족적 자긍심을 높이고 그들을 하느님의 거룩한 백성으로 세워 다른 민족으로부터 분리했다. 다른 민족들의 자긍심이 부족했다는 것은 아니다. 오늘날처럼 당시에도 어느 민족이든 스스로를 다른 민족보다 우월하다고 자부했다.

용되었다: 옮긴이

하지만 유대 민족의 자긍심은 모세에 의해 종교적 뿌리를 내리며 그들 신앙의 일부가 되었다. 하느님과의 특별히 친밀한 관계를 통해 그들은 하느님의 웅대함에 참여하게 되었다. 우리는 유대인을 선택해 이집트로부터 해방한 신의 배후에 모세라는 인물이 있었고 그가 신의 위탁을 받아 바로 이 위업을 이룩했다는 것을 안다. 그래서 감히 이렇게 말할 수 있다. 유대 민족을 형성한 이는 인간 모세였고 그들은 모세 덕분에 강인한 생명력을 갖게 되었다. 하지만 그들이 겪어 왔고 아직도 여전히 진행 중인 타민족의 적대감 또한 모세에서 유래한 셈이다.

b) 위대한 인간

어떻게 한 개인이 서로 관심이 없는 개인들과 일족을 한 민족으로 묶고, 그들에게 민족적 특성을 확고히 각인시키고, 향후 수천 년에 걸쳐 그들의 운명을 결정지을 정도로 그토록 비범한 활약을 펼칠 수 있었을까? 이와 같은 가정 자체가 창조자 신화와 영웅 숭배로 이끈 사고 양식으로의 퇴보를, 역사의 기록이 개개인이나 지배자 혹은 정복자의 업적과 운명을 보고하는 일에 국한한 시대로의 퇴보를 의미하는 것이 아닐까? 현대의 경향은 오히려 인류사의 사건들이 숨겨져 있고 일반적이고 비개인적인 동인들로 인해, 다시 말해 불가피한 경제 상황의 영향으로, 식품 섭취법의 변화로, 자원과 도구의 이용에서 기술의 발달로, 인구 증가와 기후 변화에 따른 이주 등의 요인들로 인해 진행되었다고 보려고 한다. 여기에서 개인들은 집단의 지향을 대표하는 인물이나 주창자의 역할을 할 뿐이다. 이러한 집단의 지향은 반드시 표출되기 마련인데 우연히 이들 개인을 통해 표출된 것으로 볼 수 있다.

이것은 지극히 타당한 관점이지만, 우리의 사고 기관에 의해 형성되는 정신적인 태도와 우리의 사고에 의해 파악되는 세상의 관행(Einrichtung) 사이에 중대한 모순이 있음을 상기시킨다. 어떤 사건이든 그것을 증명할 수 있는 하나의 원인이 있기만 하면 인과적 설명을 바라는 우리의 강압적 욕구는 충족된다. 그러나 우리의 바깥 현실은 그렇지 않다. 모든 사건은 과다 결정의 산물처럼 보인다. 말하자면 여러 원인들이 수렴되어 생기는 결과라는 것이다. 엄청난 사건의 복잡성에 경악하여 우리의 연구들은 한 맥락은 지지하고 다른 맥락은 부정하고, 현실적으론 존재하지 않으나 훨씬 더 포괄적인 관계들의 파열을 통해서만 오직 생성되는 대립 관계를 설정한다.[102] 따라서 우리 연구가 어느 특정 사건에 미친 한 개인의 지대한 영향을 입증한다고 해서, 일반적이고 비개인적인 요인의 중요성을 주장하는 통설을 거스르는 것은 아니기에 양심의 가책을 느낄 필요는 없다. 말하자면 근본적으로 양쪽 견해가 모두 가능할 수 있다는 것이다. 그러나 유일신교의 발생과 관련해서, 위에 언급한 요인 — 상이한 민족들 간

102 여기에서 내가 마치 세계가 너무나 복잡해서 제기되는 어떤 주장이든 한 조각의 진리를 내포하고 있다고 주장하는 것으로 오해해선 안 된다. 그렇지 않다. 우리의 사고는 현실에서 일치하지 않는 의존 관계나 인과관계를 찾아내는 자유를 누린다. 학문 안팎에서 이것을 많이 사용하는 것을 보면 이 재능은 높이 평가되는 듯하다.

의 내적 결속을 조성해 하나의 거대 국가를 건설하는 발전 과정 — 이외에는 다른 어떤 외적 동인을 보여줄 수가 없다.

따라서 우리는 원인들의 사슬 더 정확히는 그물망에 "위대한 인물"의 자리를 마련한다. 어쩌면 어떤 상황에서 위대한 인물이라는 경칭을 부여하였는지 살펴보는 것도 무의미하지 않을 것이다. 그런데 놀랍게도 이 질문에 답하기가 그리 쉽지 않다. 첫째 이렇게 정리할 수 있다. 우리가 높이 평가하는 특성을 한 인간이 유달리 많이 가지고 있을 경우, 그것은 분명히 여러 관점에서 사실이 아닐 것이다. 예를 들어 그가 아름답다거나 근력이 세다고 해서 사람들로부터 선망을 받을 순 있겠지만 그렇다고 "위대하지"는 않다. 그보다는 심적, 지적으로 뛰어난 특성 같은 정신적인 질이 그에게 있어야 할 것이다. 그런데 우리는 어느 특정 분야에서 지적으로 우수한 특성을 가진, 두드러진 비범한 능력자를 생각할 수 있겠지만, 그렇다고 해서 그를 두말없이 위대한 인간이라고 부르진 않을 것이다. 체스의 명수나 악기의 명연주사를 두고 결코 위대하다고 하지 않는다. 뛰어난 예술가나 학자를 두고서도 그렇게 부르긴 쉽지 않다. 우리는 이들을 위대한 시인, 위대한 화가, 위대한 수학자, 위대한 물리학자, 또는 이러저러한 방면의 선구자라고 말하지 위대한 인물이라고 부르지는 않는다. 그러나 예를 들어 괴테나 레오나르도 다 빈치 또는 베토벤을 위대한 인물이라고 주저 없이 부르는 데는 이들 걸작에 대한 경탄뿐만이 아니라 우리를 감동하게 하는 다른 뭔가가 있기 때문이다. 바로 이러한 예들이 걸림돌로 작용하지 않는다면, 아마도 "위대한 인물"이란 명칭은 특히 정복자, 장군, 군주같이 행동하는 인물을 위한 것으로 그들의 웅대한 업적과 지대한 영향 때문에 붙여진 명칭이라고 생각할 것이다. 하지만 이것 역시 만족할만한 설명이 되지 못한다. 왜냐하면 보잘것없는 인물임에도 불구하고 당대뿐만 아니라 후대에 이르기까지 그 영향력을 부정할 수 없는, 무수히 많은 인물의 사례를 통해 완벽하게 반증할 수 있다. 또한 성공은커녕 불행한 파멸을 맞이한 다수의 위대한 인물을 생각하면 성공의 정도를 위대함의 잣대로 삼을 수 없다.

그러므로 "위대한 인물"이라는 개념은 그 내용을 명확히 정의하려 해봤자 무익하다는 잠정적 결론으로 기운다. "위대한 인물"이란 "큼(Größe)"의 본래 말뜻에 상당히 가까운 표현으로 어떤 인간 특성의 거창한 발전을 인정하는 다소 느슨한 자의적인 표현에 지나지 않는다. 또한 우리가 숙고할 점은 우리 관심이 위대한 인물의 본질에 있기보다는 그가 동포들에게 어떻게 영향력을 발휘할 수 있었느냐에 있다는 것이다. 이 문제에 대한 검토는 우리 목적에서 벗어나는 듯해서 되도록 짧게 끝맺도록 하겠다.

위대한 인물은 두 가지 방식으로, 다시 말해 그의 인격과 그가 추구하는 사상을 통해 이웃들에게 영향력을 발휘한다고 생각해보기로 하자. 그의 사상은 대중이 오래전부터 간직해온 소망을 강조하는 것일 수 있고, 새로운 소망의 목표를 보여준다든지 여타 다른 식으로 대중을 사로잡는 것일 수도 있다. 그러나 때로는 인격이 주된 영향력을 행사하고 사상의 역할은 상당히 미미한, 훨씬 더 주요한 사례도 있다. 일반적으로 위대한 인물이 중요한 의미로 쓰이게 되는 이유는 분명하다. 알다시피 대중에게는 존경할 수 있는 권위자에 대한 강한 욕구가 있다. 사람들은 그를 경탄하고 그 앞에서 고개를 숙이고, 그의 지배를 받고 심지어는 학대를 받는 경우까지 있다. 이러한 대중의 욕구가 어디에서 유래하는지 우리는 개인심리학에서 알게 되었다. 이 욕구는 어릴 적부터 모든 인간에게 내재해온 아버지, 전설 속의 영웅이 자랑스럽게 극복해낸 바로 그 아버지에 대한 그리움에서 나온다. 그렇다면 우리가 위대한 인물에게 부여한 이 모든 특성은 다름 아닌 아버지 특성일 것이고, 바로 여기에 우리가 찾았던 위대한 인물의 본질이 내재한다는 것을 어렴풋이 깨달을 것이다. 아버지상에는 확고부동한 소신, 강한 의지력, 힘찬 행동력 같은 것들이 속한다. 그리고 무엇보다도 자주성과 독립성, 그리고 무자비한 행동으로까지 치달을 수 있는 방약무인한 태도도 위대한 인물의 속성이다. 사람들은 그를 경탄하고 신뢰할 수 있는 한편 또한 두려워하지 않을 수 없다. 우리는 원문 그대로 살펴봤어야 했다. 어린 시절의 "위대한 인물"이 아버지 말고 또 누가 있었겠는가!

가난한 유대의 부역 노동자들에게 겸손히 몸을 낮춰 /들을 사랑하는 자식이라고 단언한 모세 개인의 모습은 의심할 여지 없이 강력한 아버지의 이상형이다. 그리고 유일하고 영원하고 전지전능한 신에 대한 표상은 그것에 못지않은 대단한 영향력을 그들에게 발휘했을 것이다. 그 신은 계약을 맺어줄 만큼 그들을 귀하게 여겼고 믿음으로 섬기면 보살펴주겠다는 약속을 했다. 아마도 그들은 모세상과 하느님 상을 구분 짓기가 쉽지 않았을 것이다. 화를 잘 내고 냉엄한 모세 개인의 성격적 특성이 신의 성격에 반영되었을 수도 있기 때문이다. 그러던 어느 날 그들은 이 위대한 인물을 살해했고, 이 행위는 아주 먼 옛날 신적인 존재로 군림했던 왕에게 가해졌던 비행의 반복이었다. 알다시피 이러한 행위는 아주 오래된 전형에서 유래한다.[103] 이제 위대한 인물의 형상은 신적인 존재로 자라났지만 다른 한편으로는 아버지도 한때 어린아이였다는 것을 생각해야 한다. 우리는 모세라는 인물이 주창했던 위대한 종교 사상이 모세 자신이 창안한 새로운 사상이 아니라고 상술한 바 있다. 이것은 모세가 이크나톤 왕으로부터 이어받은 사상이었다. 종교 창설자로서 그 위대성을 명백히 입증 받고 있는 이크나톤은 어쩌면 자신의 어머니에게 아니면 근동 혹은 중동 아시아 같은 다른 통로를 통해 자극을 받았는지도 모른다.

우리는 이 연결 고리를 더 이상 추적할 수 없다. 하지만 이 연결 고리의 첫 부분을 제대로 이해하면 유일신교 사상을 부메랑처럼 그 사상의 발상지로 되돌리는 것도 가능하다. 하나의 새로운 사상을 둘러싸고 한 개인이 기여한 업적을 확인하려는 작업만큼 비생산적인 것은 없어 보인다. 분명 많은 사람들이 사상의

---

103 참조: 프레이저 I. C.

발전에 참여하고 기여했을 것이기 때문이다. 하지만 그렇디고 해서 원인의 사슬을 모세에서 끊어버리고 그의 후계자, 계승자인 유대 선지자들이 이룩한 성과를 경시하는 태도 역시 옳지 않은 것이 분명하다. 유일신교의 씨앗이 이집트에선 싹을 틔우지 못했다. 유대인들이 이 번거롭고 까다로운 종교를 뿌리쳐버렸다면 아마 이스라엘에서도 그랬을지 모른다. 그러나 유대인 중엔 퇴색한 전승의 빛을 살려내고 모세의 경고와 요구를 일깨우면서 잊힌 종교를 되살리기까지 쉼 없이 노력한 사람들이 늘 있었다. 수세기에 걸친 끊임없는 노력과 바빌론 유수(幽囚) 전후 두 차례에 걸쳐 시행된 대개혁을 통해 민족 신 야훼는 결국 모세가 강요한 하느님으로 변모해갔다. 선택된 백성이 되고 이와 유사한 특혜를 받은 만큼 그 보답으로 모세 종교의 무거운 짐을 질 준비가 되어있는 사람들을 그토록 많이 배출했다는 사실은 유대 민족으로 성장한 이 집단의 심리적 특성을 입증해준다.

c) 정신성(Geistigkeit)의 진보

한 민족에게 지속해서 심리적 영향을 미치려면 선민의식을 고취하는 것만으론 분명 충분하지 않다. 이 민족으로 하여금 선택된 민족이라고 믿고 그 믿음의 결과에 책임을 지게 해야 하는 경우, 이에 합당한 근거를 어떻게 해서든 세시해줄 수 있어야 한다. 모세 종교는 출애굽을 그 증거로 본다. 하느님 혹은 모세의 이름으로 이 은총의 증거는 꾸준히 제시되었다. 출애굽 사건이 기억에서 사라지는 것을 막기 위해 유월절[104]이 도입되기도 했다. 더 정확하게 말하자면 기존의 축제에 이 기억의 내용이 주입되었다. 그러나 이것은 어디까지나 기억에 불과할 뿐, 출애굽은 희미한 과거에 속했다. 오늘날에는 하느님 은혜에 대한 징표는 희박하고, 오히려 유대 민족의 역사는 은혜가 거둬진 운명을 보여주는 듯하다. 원시 시대 사람들은 신들이 승리와 행운, 평안을 지키는 그들의 본분을 다하지 못하면, 신들을 폐위시키거나 징벌하곤 했다. 그리고 어느 시대든 왕들은 신과 다름없는 존재로 대우받았다. 이 옛 신왕 일치 사상은 신과 왕이 한 뿌리에서 유래한다는 사실을 보여준다. 현대인들 또한, 정권의 위세가 몰락하고 그에 따라 국토와 재화의 손실을 초래하고 추락하면, 그들의 왕을 축출하곤 한다. 그런데 이스라엘 민족은 자신들이 박해당할수록 하느님에게 더욱 복종하며 의지한다. 그 이유가 무엇인지는 당분간 옆에 접어두기로 하겠다.

모세-종교가 선민의식을 통해 유대 민족에게 자부심을 고조시킨 것 외 또 다른 작용을 가져왔는지 살펴보는 것도 흥미로울 것이다. 그것은 실제로 어렵지 않게 찾아낼 수 있다. 모세-종교는 유대인에게 전보다 훨씬 더 장엄한 하느님 표상, 좀 더 객관적으로 말하자면 더욱 장엄한 하느님에 대한 표상을 심어주었다. 이렇게 장엄한 하느님을 믿는 사람은 그 장엄함에 어느 정도 참여하는 자였으므로 스스로 고양된 듯 느꼈을 수 있다. 믿

---

104 출애굽을 기념하는 유대인의 명절: 옮긴이

지 않는 사람은 잘 이해가 가지 않는 대목이다. 그러나 반란 사태로 불안정해진 타국에서 영국인이 느끼는 우월성을 예로 들면 이해하기가 쉬울 수 있다. 대륙의 한 약소국 국민에겐 이러한 자부심이 전혀 없다. 왜냐하면 영국인은 머리카락 한 올이라도 다치게 되면 대영제국 정부가 군함을 보낼 것이라고 믿기 때문이다. 군함이 없는 약소국의 반란군 역시 이 사실을 잘 알고 있다. 그러니까 위대한 대영제국에 대한 영국인의 자부심은 안전하게 보호받고 있다는 의식에서 나온다. 웅대한 하느님 표상의 경우도 이와 유사할 것이다. 사람들이 세상을 주관하는 일에 하느님을 보좌할 순 없는 노릇이기에 하느님의 위대함에 대한 자부심과 그 하느님으로부터 선택되었다는 자부심이 하나로 합쳐진 셈이다.

모세—종교의 계명 가운데 기존의 인식보다 훨씬 더 중요한 의미를 지닌 계명이 하나 있다. 하느님의 형상을 만들지 말라는 금제가 그것이다. 말하자면 눈에 보이지 않는 하느님에 대한 숭배를 강제하는 것이다. 바로 이 점에서 모세가 아톤 종교의 엄격함을 능가한다고 추측할 수 있다. 모세는 하느님이 이름도 없고 얼굴도 없는 신이라는 것을 시종일관 의도했을 수도 있다. 또한 이것은 하느님이 마법에 오용되는 것을 막기 위한 새로운 조처였을 수도 있다. 이 금제를 수용하자 이것은 심대한 영향력을 발휘했다. 감각적 지각이 뒤로 물러나고 그 자리에 이른바 추상적인 표상이 들어앉는데, 이는 감성에 대한 정신성의 승리이며, 혹은 엄밀히 해석하자면, 그로 인한 필연적인 심리적 결과인 욕동 포기를 뜻한다.

언뜻 보면 잘 이해되지 않는 이 내용에 신빙성을 더하려면 인류 문화의 발전에서 발생했던 동일한 성격의 다른 사건들을 기억해봐야 한다. 그런데 그 가운데 가장 오래되고 어쩌면 가장 중요한 의미를 지니는 사건은 태고의 어둠 속에 묻혀 어렴풋이 보인다. 하지만 그 영향력이 대단한 만큼 우리는 이 사건을 제기하지 않을 수 없다. 아이, 성인 신경증 환자, 원시인에게서 우리는 "사고의 전능(全能)"에 대한 믿음이라고 표현할 수 있는 심적 현상을 본다. 우리의 판단으론 이 심적 현상이 외부 세계의 변화를 야기할 수 있는 심적 행위, 여기서는 지적 행위의 영향력을 과대평가하는 데서 비롯한다. 근본적으로 우리 기술의 선구자 역할을 해온 모든 마술이 이 전제에 놓여있다. 언어의 마술도 여기에 속한다. 어떤 이름을 알고 그 이름을 부름으로써 생기는 힘에 대한 확신은 이 전제에 의존하고 있다. 그래서 "사고의 전능"이란 지적 활동을 엄청나게 촉진한 언어의 발달을 표현한 인류의 자부심이라고 우리는 가정한다. 감각 기관을 통한 직접적인 지각을 내용으로 하는 저급한 심적 활동과 내조적으로 표상, 기억, 추론 과정이 결정적 영향을 미치는 새로운 지성의 세계가 열린 셈이다. 이것은 사람화로 가는 통로에서 가장 중요한 단계 중 하나였음이 틀림없다.

그런데 우리는 후대에 이르러 훨씬 더 구체적인 또 하나의 사건을 만나게 된다. 부분적으론 별로 알려진 게 없고 또 여기서도 다룰 필요가 없는 어떤 외적 요인들의 영향에 의해 사회는 모권제에서 부권제로 옮아갔다. 이 사건은 물론 기존의 법적 상황을 무너뜨리는 일대 변혁을 가져왔다. 이 변혁의 여운은 아이스킬로스(Aeschylos)의 《오레스테스(Orestie)》에서 감지된다.[105] 어머니에서 아버지로의 전환은 감성에 대한 정신의 승리를 의미하기도 한다. 이것을 곧 문화의 진보라고도 표현할 수 있는데 그 이유는 아버지다움(Vaterschaft)이 결론과 전제 위에 세워진 가설이라면, 반대로 어머니다움(Mutterschaft)은 감각의 증언에 의해 입증되는 것이기 때문이다. 감각적 지각보다 사고 과정을 편들어 준 이러한 조치는 중대한 결과를 낳게 마련이었다.

위에 언급한 두 사건 간의 어느 시점에서 우리의 조사 대상인 종교사적 사건과 상당히 닮은 또 하나의 사건이 일어났다. 인간이 "정신적"인 힘을 인정하기에 이른 것이다. 다시 말해 이것은 감각을 통해, 특히 시각적으로 감지할 수 없는 힘이지만 의심할 바 없이 아주 뚜렷한 데다 대단히 강력한 영향력을 발휘한다. 언어의 증언에 의지해서 말하자면 정신적인 것의 원형은 움직이는 공기였다. 정신이란 말이 바람의 숨결(**animus, spiritus**, 히브리어 **ruach** 숨결)에서 온 말이기 때문이다. 이와 함께 개개 인간에게 있는 정신의 원리로서의 영혼(Seele)도 발견되기에 이르렀다. 관찰을 통해 인간이 숨 쉴 때 공기가 움직이고 인간이 죽으면 숨을

---

105 고대 그리스의 대표적 비극 작가인 아이스킬로스의 3부작으로 이루어진 이야기에 나오는 오레스테스는 아가멤논과 클리템네스트라의 아들이다. 그는 어머니와 그 정부(情夫)를 죽여 아버지의 원수를 갚았는데, 그 후 모친 살해 죄로 복수의 여신들에게 괴롭힘을 당하지만 결국 재판에서 무죄로 석방된다.: 옮긴이

거둔다는 사실을 알아냈던 것이다. 오늘날에도 죽음을 맞이하는 사람은 자신의 영혼을 내쉬어버린다. 그 대신 그에겐 정신세계의 문이 열린다. 사람들은 자신 안에서 발견한 영혼이 자연에 있는 모든 것에 있다고 믿었다. 세상 만물에 영혼이 깃들어있었다. 그러나 훨씬 뒤늦게 등장한 과학은 다시 세상의 일부분으로부터 영혼을 빼앗는 데 주력해오고 있지만 오늘날까지도 이 과제는 완결되지 못했다.

모세의 금제는 하느님을 더 높은 정신의 단계로 끌어올렸다. 이로써 하느님 표상을 더 수정할 수 있는 길이 열린 셈이다. 이에 대해선 나중에 다시 언급하기로 하고 먼저 금제가 지닌 또 하나의 영향력에 대해 살펴보도록 하자. 이러한 정신적인 것의 진보는 개인의 자부심을 높이고 감성에 사로잡혀 있는 사람들보다 우월하다는 자만심을 불어 넣어주었다. 우리는 모세가 유대인에게 선택된 민족이라는 자부심을 전달한 것을 안다. 하느님의 비물질화가 이루어지면서 유대 민족의 비밀 보화에 새롭고 중요한 부분이 더해진 것이다. 유대인은 정신에 대한 관심에서 비켜서지 않았다. 이들은 민족의 정치적 불행을 통해 자신들에게 남아있는 유일한 재산인 문헌을 알맞게 평가하는 법을 배웠다. 티투스[106]에 의해 예루살렘 성전이 파괴된 직후 유대교의 율법 학자인 요카난 벤 자카이(Jochanan ben Sakkai)는 야브네(Jabne)에 최초

---

106 Titus 로마 황제, 재위 79~81. 유대 전쟁의 최고 지휘자로서 예루살렘을 함락시켰다.: 옮긴이

의 율법 학교를 개설하겠다고 나섰다. 이때부터 흩어져 있던 유대 민족을 결집한 것은 바로 성서와 성서를 둘러싼 정신적인 노력이었다.

이것은 일반적으로 많이 알려지고 받아들여진 내용들이다. 나는 여기에 하느님을 형상화해서 숭배하면 안 된다는 모세의 금제에 의해 유대인의 본질적 특성이 발전되었다는 내용을 덧붙였을 따름이다.

2천여 년에 걸쳐 유대 민족의 삶에서 우위를 차지해온 정신적인 노력이 영향력을 발휘한 것은 지극히 당연하다. 이것은 근력의 발달이 대중의 이상인 곳에서 쉽게 나타나는 야만스러운 행위와 폭력 성향을 억제하는 데 도움이 되었다. 그리스인들이 이룩했던 정신 활동과 육체 활동을 아우르는 조화로운 교육이 유대인에겐 주어지지 않았다. 정신과 육체의 갈등 속에서 유대인들은 적어도 더 가치 있는 쪽을 택하기로 한 것이다.

d) 욕동 포기

정신의 진보, 다시 말해 감성의 후퇴가 개인이나 민족의 자부심을 높인다는 내용은 바로 이해가 가는 당연한 내용이 아니다. 이것은 특정한 가치 기준과 이를 집행하는 인물 혹은 기관을 전제로 하는 듯 보인다. 이 문제를 설명하기 위해 이해가 쉬운 개인 심리에서의 유사 사례를 살펴보도록 하자.

인간 존재의 에스(Es, 이드)가 성애적이거나 공격적인 본성의 욕동 요구(Triebanspruch)를 일으키면, 사고 기관과 근육 기관을 갖추고 있는 자아(das Ich)가 행동을 통해 이 요구를 만족하게 하려는 것이 가장 단순하고 자연스러운 현상이다. 자아는 이 욕동이 충족되면 쾌감을 느끼고, 충족되지 않은 욕동은 당연히 불쾌를 야기하는 근원이 된다. 그런데 자아가 외적인 장애를 고려해 욕동 충족을 포기할 때가 있다. 다시 말해 해당 행동이 자아에 심각한 위험을 초래할 수 있다고 인식하는 경우이다. 욕동을 충족시키지 못하는 경우, 외적 장애로 인해 욕동을 포기하는 경우, 이른바 현실 원리에 복종하는 이러한 경우에 자아는 쾌감을 느끼지 못한다. 욕동 포기는 에너지의 전치(轉置)에 의해 욕동의 강도를 저하하지 못하는 경우 불쾌감 때문에 지속적인 긴장을 유발한다. 그러나 욕동 포기는 실제로 내적 이유에서 강제로 일어날 수도 있다. 개인의 발전 과정에서 외부 세계의 억제력 일부가 내면화하면서 자아 내부에서 나머지 부분을 관찰하고 비판하고 금지하는 하나의 심급이 형성된다. 우리는 이 새로운 심급을 초자아(das Über-Ich)라고 부른다. 이제 자아는 에스가 요구하는 욕동 충족의 작업을 실행하기에 앞서 외부 세계의 위험만이 아니라 초자아가 제기하는 이의도 고려해야 하는 만큼 욕동은 더욱 충족되지 못한다. 그러나 외적 이유에서의 욕동 포기가 불쾌감만을 안겨주는 데 반해 내적 이유에서의 욕동 포기, 즉 초자아에 복종해서 일어나는 욕동 포기는 다른 경제적 효과를 가져온다. 이것은 불쾌감을 야기하기도 하지만 또한 쾌락, 말하자면 대리 만족을 가져다주기도 한다. 이 경우 자아는 의기양양해진다. 욕동을 포기하고 중요한 일을 해냈다는 자부심을 가진다. 이러한 쾌감 획득의 기제를 우리는 이해한다. 초자아는 생후 초기에 개인의 행동을 감독했던 부모(그리고 교육자)의 후계자 및 대리인으로서 부모의 기능을 거의 변함없이 계속한다. 초자아는 자아와의 종속관계를 계속 유지하면서 자아에 끊임없이 압력을 가한다. 자아는 어릴 때 그랬던 것처럼 절대자의 사랑을 잃을까 염려한다. 아이는 부모에게 인정을 받으면 안도와 만족을 느끼고 꾸중을 들으면 양심의 가책을 느낀다. 초자아를 위해 욕동 포기라는 희생을 감수한 자아는 그 보상으로 초자아로부터 더 큰 사랑을 기대한다. 자신이 사랑받을만한 가치가 있다는 의식에서 자아는 자부심을 느낀다. 권위가 아직 초자아로서 내면화하지 못한 경우에도 위협적인 사랑의 상실과 욕동 요구의 관계는 이와 동일하다. 부모를 사랑해서 욕동 포기를 이루어내면 안전하고 만족한 느낌이 들게 된다. 이러한 좋은 감정은 권위가 자아의 일부가 된 후에야 자부심의 자기애적 특성을 수용하게 된다.

욕동 포기를 통해 충족이 이루어진다는 이러한 설명이 우리가 연구하려는 사건을 이해하고 정신의 진보에 따른 자의식의 고양을 이해하는 데 과연 어떤 도움이 된다는 것일까? 별로 도움이 되는 것 같진 않다. 상황이 전혀 다르기 때문이다. 우리 연구에서 욕동 포기는 주된 문제가 아니다. 또 희생을 바칠 수 있는 제2의 인물이나 제2의 심급도 존재하지 않는다. 그런데 우리는 이 두 번째 주장에 망설이게 된다. 다름 아닌 바로 그 위대한 인물이 희생을 바칠 권위자라고 할 수 있기 때문이다. 그리고 위대한 인물 자체가 아버지와 닮았기 때문에 영향을 발휘할 수도 있다. 따라서 군중심리에서 위대한 인물에게 초자아의 역할이 주어지는 것은 놀라운 일이 아니다. 이것은 모세라는 인물과 유대 민족 간의 관계에서도 성립할 수 있다. 그러나 다른 면에선 이러한 유추가 가능하지 않다. 정신에 있어서 진보의 본질은 직접적인 감각 지각보다 기억이나 숙고, 추론 과정과 같은 것을 더 고급인 지적 과정으로 결정하는 데 놓여있다. 예를 들어 감각의 증언을 통해 입증할 수 없으면서도 아버지다움이 어머니다움보다 더 중요하다고 규정짓는다. 그렇기 때문에 아이는 아버지 성을 따르고 아버지의 상속자가 되어야 한다. 또는 우리 하느님은 질풍이나 영혼처럼 보이지는 않지만 가장 위대하고 전능하신 분이다. 성적인 혹은 공격적인 욕동 요구를 배격하는 것은 이것과는 매우 달라 보인다. 정신의 진보가 이루어진 여러 사례 가운데 부권 승리 같은 예에서는 공경의 척도가 되는 권위가 보이지 않는다. 이 경우 아버지는 권위가 아니다. 아버지는 진보를 통해 비로소 권위의 자리에 등극할 수 있었기 때문이다. 여기서 우리는 인류의 발전 과정에서 감성이 정신에 의해 차츰차츰 압도되어가고 이러한 진보를 통해 인간이 자부심과 긍지를 느끼는 현상들에 직면한다. 하지만 우리는 왜 그런 현상이 일어나는지는 알지 못한다. 그런데 훗날 정신 자체가 신앙이라는 매우 불가사의하고 감정적인 현상에 제압당하는 사태가 발생한다. 이것이 바로 그 유명한 나는 불합리하기에 믿는다(Credo quia absurdum)는 것으로, 이것을 실현시킨 자는 자신이 최고의 업적을 달성했다고 생각한다. 이 모든 심리학적 상황의 공통적인 요소가 이와는 다른 것일 수도 있다. 어쩌면 인간은 더 힘든 것이 더 고급스럽다고 단정했을지 모른다. 자부심이란 어려움을 극복해냈다는 의식으로 인해 고조된 자기애(Narzissmus)에 지나지 않는다.

위의 내용은 그리 생산적인 논의가 되지 못한다. 이것은 유대 민족의 특성에 영향을 준 요인의 연구와는 무관한 내용이란 생각이 들 수도 있다. 그렇다면 우리에겐 이러한 상황이 유리할 뿐이다. 하지만 어느 정도 우리의 문제와 연관성을 보여주는 사실이 하나 있다. 이것은 뒤에서 좀 더 구체적으로 다뤄질 것이다. 하느님 형상을 만들지 말라는 금제와 함께 시작된 종교는 수 세기를 걸쳐오면서 점차 욕동 포기의 종교로 발전했다. 그렇다고 종교가 성적 금욕을 요구한 것은 아니다. 성적인 자유를 현저히 통제했을 따름이다. 하느님은 성과는 완벽히 분리된, 윤리적으로 완전무결한 이상적 존재로 숭상되었다. 그러나 윤리란 욕동에 대한 통제다. 선지자들은 하느님이 당신의 백성에게 요구하는 것이 다름 아닌 올바르고 정결한 생활 태도, 다시 말해 오늘날까지도 우리 윤리에서 악덕으로 단죄되는 욕동 충족 일체를 절제하는 태도라고 줄기차게 경고한다. 이 윤리적 요구는 대단히 단호해서 믿음에 대한 요구마저 뒷전으로 물리지 않았나 싶을 정도다. 이로써 욕동 포기는 비록 처음엔 눈에 띄지 않았지만 종교에서 지대한 역할을 하게 된다.

오해를 막기 위해 여기서 한 가지 이의를 제기해보겠다. 욕동 포기와 여기에 바탕을 둔 윤리는 종교의 본질적 내용이 아닌 듯 보이기도 하지만, 발생적 관점에서 보면 욕동 포기는 종교와 매우 밀접하게 연결되어 있다. 우리가 아는 첫 종교 형태 즉 토템이즘은 이 제도의 필수적인 구성 요소로서 다수의 계율과 금기를 수반하는데, 바로 이것들이 욕동 포기를 의미한다. 토템 숭배는 토템을 해치거나 죽여선 안 된다는 금기를 포함한다. 족외혼은 원시 무리 내에서 어머니나 여형제를 향한 뜨거운 욕망을 차단하고, 형제 동맹의 모든 일원에게 주어지는 동등한 권리는 그들의 폭력적인 경쟁 경향을 제한하는 의미를 가진다. 우리는 이러한 규정들에서 도덕과 사회 법규가 시작된 점을 주의 깊게 살펴봐야 한다. 그런데 간과되어선 안 될 것은 여기에 두 가지 서로 다른 동기가 작용하고 있다는 점이다. 처음 두 가지 금기는 살해된 아버지와 맥락이 닿는 내용으로 아버지의 의지를 이어나간다. 그런데 형제 동맹의 일원들에게 동등한 권리를 부여하는 세 번째 규정은, 아버지의 의지를 도외시하고 아버지 살해 뒤에 새로 세워진 질서를 항구적으로 유지해야 한다는 필연성을 앞세워 자신을 정당화한다. 만약 이런 규정이 없다면 불가피하게 이전 상태로 돌아갈 수밖에 없다. 바로 여기서 사회적 규정과 종교적 관계에서 직접 유래하는 다른 규정과의 분리가 나타난다.

이러한 과정의 본질적인 부분은 인간 개개인의 발전에서 축약된 형태로 되풀이된다. 여기에서도 그것은 아이 부모의 권위 — 본질적으로 자신의 힘으로 처벌하겠다고 위협하는 전제적인 아버지의 권위인데, 아이에게 허용과 금지를 명하며 욕동의 포기를 요구한다 — 이다. 아이에게 "착하다"거나 "나쁘다"라고 하는 말은 훗날 사회와 초자아가 부모의 자리에 들어서면서부터는

"선하다" "악하다", 혹은 미덕, 악덕으로 명명된다. 하지만 그 의미는 똑같다. 아버지를 대신하고 아버지의 뒤를 이어받은 권위에 압도되어 욕동 포기가 이루어지는 셈이다.

이러한 통찰은 신성(神聖)이라는 주목할 만한 개념을 연구하면 더욱 깊어진다. 우리가 높이 평가하고, 중요하고 의미심장하다고 여기는 것보다 이상의 의미를 가지는 "신성한"이란 도대체 무엇일까? 한편으로 신성함이 종교적인 것과 관련돼 있음은 분명하고, 이 관계는 끈질기게 강조돼 오고 있다. 종교적인 것은 모두 신성하다. 이것이 바로 신성함의 핵심이다. 그런데 다른 한편으로 종교와는 무관한 개인, 제도, 일에 신성함의 성격을 부여하는 여러 시도가 우리 판단을 교란한다. 이러한 노력들이 지향하는 목적은 명백하다. 신성함에 점착(粘着)되어있는 금기의 성격을 출발점으로 삼으려는 것이다. 신성한 것은 건드려선 안 되는 것이다. 신성한 것에 대한 금기는 대단히 격정적으로 강조된다. 합리적인 근거 따위는 없다. 예를 들어 딸이나 여형제와의 근친상간이 다른 어떤 성관계와 비교가 되지 않을 정도로 나쁠 만큼 뭐 그렇게 중대한 범죄란 말인가? 그 이유에 관해 물어보면 감정적으로 받아들일 수 없어서 그렇다는 대답을 들을 게 뻔하다. 단지 금기가 자명하다고 여겨질 뿐 그 이유를 설명할 순 없다는 뜻이다.

이러한 설명이 무용하다는 것을 입증해 보이기는 아주 쉽다. 소위 우리의 가장 신성한 감정을 욕되게 한다는 근친상간은 고대 이집트나 여타 고대 민족의 지배 가문에선 일반적인 풍습이었다. 이것은 신성한 풍습이었다고도 할 수 있다. 파라오가 여형제를 가장 품격 높은 첫 번째 아내로 맞이하는 것은 자명한 일이었다. 파라오 왕조의 계승자로 그리스 계열의 프톨레마이오스 왕조도 서슴없이 이 범례를 따랐다. 그렇기 때문에 근친상간 — 이 경우 남매간의 근친상간 — 이 평범한 인간들 사이에선 사라졌지만, 신을 대리하는 왕들 사이엔 특권으로 남아있었다는 생각이 더욱 든다. 그리스와 게르만 전설의 세계에서도 근친상간 관계에 대한 반감은 느껴지지 않는다. 귀족 가문에서 동등한 가문을 유지하려고 전전긍긍하는 것도 이 태곳적 특권의 잔재라고 추정된다. 오늘날의 유럽이 한두 가문에 의해 통치되고 있는 양상은 유럽 사회 최상류층에서 수 세대에 걸쳐 지속하여온 근친상간이 빚어낸 결과라고 말할 수 있다.

신, 왕, 영웅들 사이에서 행해진 근친상간에 대한 언급은 근친상간 회피를 생물학적으로 설명하려는 또 하나의 시도를 검토하는 데도 도움이 된다. 여기에서 주장은 근친상간 회피가 동종교배의 폐해에 대한 막연한 상식에서 발생한다는 것이다. 그러나 원시인들이 동종 교배로 인한 폐해의 위험을 인식하고 여기에 대응했는가 하는 문제는 차치하더라도, 이러한 폐해의 위험이 존재하는지조차 사실상 확실치 않다. 또한 근친상간 금제의 촌수 범위가 불명확한 점을 들어 근친상간 회피가 "자연스런 감정"에서 나온다고 가정할 수는 없다.

선사 시대를 재구성하는 데 있어 또 하나의 설명이 떠오른다. 근친상간 회피의 소극적 표현이라고 볼 수 있는 족외혼 규정은 아버지의 뜻을 담은 것으로 아버지가 제거된 뒤에도 그 뜻은 계승된다. 그렇기 때문에 족외혼 규정은 격정적으로 강조되고 합리적인 논증이 불가능한, 즉 신성한 것이다. 우리는 신성한 금기와 관련한 다른 사례들의 연구도 근친상간 회피의 경우와 마찬가지인 결과를 가져올 것이라고 확신한다. 즉 신성한 것은 원래 계승되어 오는 원시 아버지의 뜻과 다름없다. 따라서 지금껏 납득할 수 없었던, 신성의 개념을 표현하는 단어의 양면성도 분명해진다. 이것이 바로 아버지와의 관계를 지배하는 양면성이다. "사케르(Sacer)"는 "신성한", "신에게 봉헌된"이라는 의미의 단어일 뿐만 아니라, "흉악한" 또는 "혐오스러운"이라는 뜻으로밖에 번역할 수 없는 단어이기도 하다(예, "auri sacra fames" 황금에 대한 지긋지긋한 갈망). 아버지의 뜻이란 건드려선 안 되는, 지극히 공경해야 하는 것이다. 그뿐만 아니라 아버지의 뜻은 고통스러운 욕동 포기를 요구하기에 두렵고 무서운 것이기도 하다. 이제 모세가 할례 풍습을 도입함으로써 자신의 백성을 "거룩하게 했다"는 말의 깊은 의미를 이해할 수 있을 것이다. 할례는 옛날 절대적 힘을 누리던 원시 아버지가 아들들에게 행사했던 거세의 상징적 대용물이다. 아들은 이 상징을 받아들임으로써 아버지가 어떤 고통스러운 희생을 강요할지라도 아버지의 뜻에 따를 준비가 되어있음을 보여주었던 것이다.

윤리적인 문제로 되돌아가서 이제 최종적으로 이렇게 말할 수 있다. 윤리 규정의 일부는 개개인에 대한 공동체의 권리, 공동체에 대한 개개인의 권리, 개인 상호 간의 권리를 구분해야 할 필요에서 나온 합리적인 수단이다. 그러나 이 윤리 규정에서 웅대하고 불가사의하고 신비스럽게 보이는 부분은 아버지의 뜻에서 유래하는 종교와의 관계적 특성 때문이다.

e) 종교의 진리 내용

믿음이 부족한 우리 같은 사람들이 신의 존재를 굳게 믿는 연구자들을 보면 얼마나 부럽겠는가! 저 위대한 정신에 세계는 아무 문제를 제기하지 않는다. 이 위대한 정신이 세상의 모든 제도를 만들어냈기 때문이다. 기껏해야 힘들고 빈약하고 단편적인 설명밖에 할 수 없는 우리의 시도에 비해 종교인의 교의는 얼마나 포괄적이고 빈틈 하나 없는 완전체란 말인가! 신적인 정신은 그 자체가 윤리적 완전함의 이상으로 인간들에게 이 이상에 대한 지식을 심어주었고 동시에 인간의 본성을 이 이상에 맞추려는 충동도 심어주었다. 인간은 무엇이 더 고급이고 더 고귀한지, 무엇이 더 저급하고 더 비천한지를 즉각 감지한다. 감정생활은 이상과의 간격에 초점을 맞춘다. 마치 이상의 근일점에 이르듯 이성에 가까워지면 인간은 대단히 만족해하지만, 원일점만큼 이상과 멀어지면 인간은 심한 불쾌를 통해 벌을 받는다. 모든 것이 이렇게 간단하고도 견고하게 확립되어 있다. 삶 속에서의 어떤 경험이나 세계관 때문에 이러한 절대자의 전제를 받아들일 수 없다는 것은 참으로 유감스러운 일이 아닐 수 없다. 수수께끼 투성이인 세계는 그것만으로는 성이 차지 않는 듯 우리에게 새로운 과제를 부여한다. 이것은 사람들이 어떻게 신의 존재를 믿게 되었고, 이 믿음이 "이성과 학문"을 압도하는 그 위력을 어디에서 획득했는지를 이해하기 위한 과제이다.

이제 지금까지 다뤘던, 더욱 소박한 우리 문제로 돌아가 보자. 우리는 오늘날까지 유대 민족을 존속할 수 있게 한 이 민족 고유의 특성이 어디에서 연유한 것인지 설명하려고 했다. 그리고 모세라는 인물이 유대 민족을 위해 세운 종교를 통해 이 민족 고유의 특성이 형성되었음을 알게 되었다. 이 종교는 유대 민족의 민족적 우월감을 고취하고 이들의 자긍심을 크게 높였다. 유대인들은 다른 민족들을 멀리하며 살아왔다. 혼혈은 별문제가 되지 않았다. 그들을 결속하는 것은 특정한 지적, 정서적 재산을 공유한다는 관념적 요인이었기 때문이다. 모세-종교가 성과를 거둔 첫 번째 이유는 이 민족으로 하여금 새로운 하느님 표상의 장엄함에 참여하도록 만들었다는 점이다. 둘째, 이처럼 장엄한 하느님으로부터 선택된 민족이고 특별한 은총을 받도록 예정된 민족임을 주장한 사실이다. 마지막으로 이들에게 강제한 정신의 진보가 그 자체로서도 중요하지만 이외에 지적 작업의 중요성을 일깨우고 욕동 포기의 길을 열었다는 것이다.

이것이 우리의 결론이다. 이 중 어느 것 하나도 거두어들일 생각은 없다. 그래도 뭔가 미진하다는 것은 숨길 수 없다. 말하자면 원인이 결과와 맞아떨어지지 않고, 설명하려는 사실이 우리의 설명 수단들과 전혀 다른 차원에 속하는 듯해서다. 어쩌면 이것은 지금까지 해온 연구가 모든 동기를 밝혀내지 못하고 표층에만 머문 탓일 수도 있다. 그 이면에 아주 중요한 또 다른 원인 요소가 우리의 시선을 기다리고 있는지도 모를 일이다. 삶과 역사 속에서 작용하는 모든 원인은 아주 다양하기에 위의 개연성도 염두에 둬야 할 것이다.

이러한 심층적 동기는 앞서 상술한 내용의 한 부분에서 살펴볼 수 있다. 모세 종교는 직접 영향을 미친 것이 아니라 간접적인 특이한 방식으로 영향을 미쳤다. 이 말은 모세 종교가 곧바로 영향을 발휘하지 않고 실제로 영향을 미치기까지 오랜 세월이 걸렸다는 것을 의미하는 게 아니다. 물론 한 민족의 성격 형성에 관한 문제라면 당연히 그럴 수 있다. 그러나 우리가 유대 종교사에서 인용한 하나의 사실 — 우리가 유대 종교사에 기록한 사실이라고 해도 좋다 — 에 국한한다면 그런 의미가 아니다. 우리는 유대 민족이 어느 정도 세월이 흐르자 모세 종교를 다시 버렸다고 주장한 바 있다. 완전히 버렸는지 아니면 몇몇 계명은 그대로 보존하였는지 우리로선 알 수가 없다. 가나안 지역을 점령하고 그곳 원주민들과 오랫동안 분쟁하였고 야훼-종교가 근본적으로 바알림[107] 숭배와 다르지 않았다고 가정한다면, 훗날 이 부끄러운 사실을 애써 은폐하려는 성향에도 불구하고 우리의 가정은 역사적 근거를 확보하는 셈이 된다. 그러나 모세-종교가 흔적도 없이 쇠락한 것은 아니었다. 모세-종교에 대한 일종의 기억은 모호하고 왜곡된 형태로, 아마도 옛 기록의 형태로 성직자층의 개개인에게 남아 보존되어왔다. 이 위대한 과거의 전승은 배후

---

107 바알의 복수: 옮긴이

에서 계속 영향을 끼치며 정신세계에서 서서히 힘을 얻어가다가 결국 야훼 신을 모세 신으로 변형시키기에 이르렀고 수 세기 전에 세워졌다가 폐기된 모세교를 다시 되살려냈다.

우리는 이 논문의 앞부분에서 전승의 이러한 작용을 이해하려면 어떠한 가정이 필수적인지 논한 바 있다.

f) 억압된 것의 회귀

정신생활의 분석적 연구에서 볼 수 있는 현상들 중에는 이와 유사한 실례가 많다. 이러한 현상들 일부를 우리는 병리학적 현상이라고 부르고 나머지는 정상 상태의 다양성에 포함한다. 그러나 이것은 중요하지 않다. 양자의 경계선이 명확하지 않은 데다가 넓은 범위에서 보면 이 둘의 작용 원리가 동일하기 때문이다. 이보다 더 중요한 것은 이러한 변화가 자아 자체 내의 변화인가, 아니면 자아에 대립하는 자아의 이질적 변화인가 하는 문제이다. 후자의 경우를 우리는 증후라고 명명한다. 많은 자료 중에서 나는 특히 성격 발달과 관련한 사례들을 먼저 제시하고자한다. 자신의 어머니와 극한 대립 관계에 있는 한 소녀는 어머니에게 결여된 성격은 계발하고 어머니를 상기시키는 부분은 일체 기피했다. 보충하자면 이 소녀는 어린 시절에 여느 여자아이들처럼 어머니와 동일시하다가 이제는 어머니에게 격렬히 반항하는 것이다. 하지만 이 소녀가 결혼해서 아내가 되고 어머니가 되면 적대하던 어머니를 섬섬 닮아간다. 그러다가 결국엔 극복의 대상이었던 어머니와의 동일시가 다시 뚜렷이 나타나는데, 이것은 놀라운 일이 아니다. 사내아이들도 마찬가지다. 대문호 괴테도 그의 천재성을 보여주던 시절 완고하고 옹졸한 아버지를 경멸했다. 그러나 나이가 들어서는 아버지의 성격과 닮은 모습을 보였다. 두 사람의 대립이 첨예할수록 결과는 더욱 두드러진다. 비열한 아버지 곁에서 성장해야 했던 한 청년은 처음에는 아버지에 대한 반항으로 유능하고 착실한, 점잖은 사람이 되었다. 그러다가 인생의 정점에서 그의 성격은 돌변했다. 그때부터 이 청년은 마치 아버지를 모범으로 삼은 듯 행동했다. 본 주제에서 벗어나지 않기 위해 우리는 이러한 과정의 첫 단계가 늘 유아기에 진행되었던 아버지와의 동일시임을 염두에 둬야 한다. 그러다가 아버지와의 동일시는 배제되고 과잉 보상의 단계를 거쳐 결국에는 다시 한 번 실현되는 것이다.

생후 첫 5년간의 체험이 삶에 결정적인 영향을 미친다는 것은 이미 잘 알려진 사실이다. 훗날의 어떤 체험도 이 체험들에 저항하지 못한다. 이 어린 시절의 인상들이 더욱 성숙한 생의 단계에서 발휘되는 모든 영향에 맞서 어떤 식으로 대처하는지, 그 대처 방식과 관련해 주목할 만한 내용은 많겠지만, 이것은 여기서 다룰 문제가 아니다. 그런데 우리에게 잘 알려지지 않은 사실이 하나 있다. 가장 강력한 강박적인 성질을 띤 영향이, 심적 기관의 수용 능력이 미비하다고 여겨지는 시기에 아이들이 받는 인상들에서 유래한다는 점이다. 이 사실은 의심의 여지가 없지만 생소하기도 해서, 임의의 시간이 지난 뒤에 현상하고 인화하는 사진 촬영과 비교하여 독자의 이해를 돕고자 한다. 사람들은 이 불편한 발견이 대담하고 상상력이 풍부한 한 작가에 의해 이미 표현되었다고 지적하곤 한다. E.T.A. 호프만[108]이 작품의 소재로 삼았던 다양한 형상들은 그가 갓난아기 때 어머니 품에 안겨 역마차를 타고 수 주간 여행을 하는 동안 체험했던 변화무쌍한 광경과 인상들 덕분이었다고 한다. 두 살배기 아이가 이해하지 못한 채 체험했던 것들은 꿈을 통해서가 아니면 기억되지 않는다. 이것들은 정신분석 치료를 통해서만 알 수 있는 것들이다. 그러나 어느 훗날 이 체험들은 강박적인 충동과 더불어 아이의 삶에 침범해 들어와 행동을 지배하고 호의와 혐오를 강요하며, 사랑의 대상을 선택하는 문제에서 종종 합리적으론 설명할 수 없는 결정을 내리도록 하는 경우가 많다. 이러한 사실은 두 가지 점에서 우리 문제와 명백한 관련이 있다. 첫째는 체험과 시간적 거리가 있다는 점인데, 이것은 여기에서 실제 결정적인 요소로 인식된다. 예를 들자면 유아기 체험에서 "무의식적"인 것으로 분류되는, 특별한 상태의 기억과의 시간적 거리이다.[109] 우리는 여기서 한 민족의 정신생활에서 볼 수 있는 전승에 원인 하는 상황과 유사한 현상을 찾을 수 있기를 기대한다. 물론 무의식적인 것의 표상을 군중심리학으로 가져오는 것이 쉬운 일은 아니지만 말이다.

---

108   E.T.A. Hoffmann(1776—1822), 환상적인 작품 세계로 유명한 독일 낭만주의 시대의 대표작가로 가장 유명한 작품으로《호두까기 인형》이 있다.: 옮긴이

109   여기서도 한 시인의 말을 들어보자. 자신의 애착을 고백하려고 괴테는 이렇게 읊는다.: "아득히 먼 옛날 그대는 나의 누이, 나의 아내였도다." 괴테 저작 집 바이마르판 제4권 97쪽

둘째, 신경증 형성을 초래하는 기제가 우리가 찾는 현상들에 꾸준히 작용한다는 점이다. 여기서도 결정적인 사건이 유년 초기에 일어나지만, 여기에서 역점은 시기에 있는 것이 아니라 이 사건에 대한 대응 과정과 반응에 있다. 도식적인 설명은 이렇다. 체험의 결과로 인해 욕동 요구가 일어나고, 이것은 충족되기를 원한다. 자아는 이러한 욕동 충족을 거부한다. 그 이유는 이 요구가 커서 자아가 마비되거나 혹은 이 요구를 위험으로 인식하기 때문이다. 이 두 가지 이유 중 전자가 더 근원적인 이유이고, 양자의 목적은 위험 상황을 피하려는 데 있다. 자아는 이 위험을 억압 과정을 통해 방어한다. 욕동의 발동은 그럭저럭 저지되고, 동기 및 이와 관련한 지각과 표상들은 잊힌다. 하지만 과정이 종결된 것은 아니다. 욕동은 그 힘을 그대로 유지하거나 혹은 다시 모으거나, 아니면 새로운 동기에서 다시 방출한다. 이러한 경우 욕동은 요구를 새롭게 한다. 그러나 충족에 이르는 정상적인 통로는 이른바 억압 상흔에 의해 막혀 있기 때문에 욕동은 취약한 어느 한 곳의 우회로를 통해 소위 대리 만족을 꾀한다. 이 대리 만족은 자아의 승인도 이해도 없이 증후로 나타난다. 따라서 증후 형성의 모든 현상들은 당연히 "억압된 것의 회귀"로 묘사할 수 있다. 그런데 이것들의 두드러지는 특징은 회귀한 것이 본래 내용과는 다르게 많이 왜곡되었다는 점이다. 여기에서 어쩌면 마지막 실례들과 전승 사이의 유사점이 전혀 보이지 않는다고 생각할지도 모른다. 하지만 이렇게 함으로써 우리는 욕동 포기 문제에 접근할 수 있다.

g) 역사적 진실

우리는 모세-종교가 전승을 통해 유대 민족에게 영향을 미쳐온 사실에 충분히 납득할 수 있도록, 본론에서 벗어난 여러 심리학적 고찰을 제기해보았다. 그러나 일종의 개연성 이외엔 우리가 이루어낸 것이 없는 것 같다. 그러면 우리가 이 문제를 완벽히 증명하는 데 성공했다고 가정해보자. 그렇다고 하더라도 이 가정에서 요구되는 질적 요인만 만족하게 할 뿐, 양적 요인까지 만족하게 할 순 없었을 것이라는 인상이 든다. 유대 종교를 비롯해 종교의 기원과 관련된 모든 것에는 어떤 장엄함이 따르기 마련인데, 지금까지의 설명만으론 이 문제가 해명되지 않는다. 여기에는 틀림없이 또 하나의 다른 동인이 작용했을 것이다. 이것은 유사하고 동일한 것은 존재하지 않는 유일무이한 동인으로, 여기에서 연유한 종교 그 자체와 동일한 차원에서의 동인일 것이다.

이제 반대 측면에서 이 주제에 접근해 보자. 원시인들은 만물을 창조한 조물주이기도 하고 족장이자 개인의 수호자도 되는 하나의 신을 필요로 했을 것이다. 이 신은 전승이 이야기해오는 죽은 조상의 배후에 자리하고 있다. 후대 사람들, 즉 우리 시대 사람들도 똑같은 식으로 행동한다. 요즘 사람들 역시 어른이 되어도 소아적 태도를 보이고 보호가 필요하며 신에 의지하지 않으면 살 수 없다고 생각한다. 여기까지는 이론의 여지가 없다. 하지만 왜 유일신이어야 하는지, 하필이면 왜 단일신교[110]에서 유일신교(Monotheismus)로의 진전이 그토록 중요한 의미를 얻게 되었는지 등의 문제를 이해하기는 쉽지 않다. 물론 앞서 상술했듯이 신앙인은 신의 장엄함에 관심을 보이는데, 신이 위대할수록 신이 베푸는 보호도 더욱 신뢰를 얻는다. 그러나 신의 유일무이성이 신의 권능을 위한 필수적인 전제 조건은 아니다. 다수의 민족들은 주신(主神)이 하위 신들을 지배하는 경우에만 주신을 숭배했고, 주신 이외의 다른 신들이 있다고 해서 주신의 위대함이 축소된다고는 보지 않았다. 또한 이 주신이 보편적 신이 되어 모든 나라와 민족을 돌봐준다면 신과의 친밀감이 감소하지 않겠는가. 말하자면 자신들의 신을 이방인과 공유하는 대신, 자신들이 신의 총아라는 조건을 붙임으로써 그 손실을 메운 셈이다. 또한 유일신의 표상 자체가 정신의 진보를 의미한다고 주장할 수도 있겠지만, 이 점은 그렇게 높게 평가할 수 있는 문제가 아니다.

동기 문제에서 드러나는 이러한 빈틈은 믿음 깊은 사람들에 의해 적절히 메꿔졌다. 그들은 유일신 사상이 인간에게 그토록 압도적인 영향을 미친 이유가 이것이 하나의 영원한 진리여서라고 주장한다. 오랫동안 감춰져 있던 이 진리가 드디어 모습을 드러내 모든 사람의 마음을 앗아갔다는 것이다. 우리는 이런 유의

---

110 Henotheismus: 다신교에서, 많은 신 가운데서 특정한 하나의 신을 주신(主神)으로 삼아 숭배하는 종교.: 옮긴이

동인이 대상과 결과의 광대한 규모에 걸맞은 것임을 인정하지 않을 수 없다.

우리도 이 해법을 받아들이고 싶다. 하지만 석연치 않은 의문이 생긴다. 이 믿음 깊은 논증은 낙관적, 이상주의적인 전제를 토대로 하고 있다. 특별히 인간의 지성이 진리를 알아차리는 매우 섬세한 직감을 가졌고, 인간의 정신생활이 진리를 인지하는 특별한 경향을 보인다는 것은 확인된 바가 없다. 오히려 우리 지성이 예기치 않게 쉽사리 잘못 생각할 수 있다는 것을 우리는 안다. 우리는 진리를 등한시하고 소망적인 환상에 부합하는 것을 쉽게 믿어버린다. 그렇기 때문에 우리의 동의는 제한적일 수밖에 없다. 또한 믿음 깊은 사람들의 해법에 진리가 들어 있다고도 생각한다. 하지만 이것은 실체적 진리가 아닌 역사적 진리이다. 이 진리가 회귀하면서 발생한 일종의 왜곡을 우리는 마땅히 수정할 수 있다. 다시 말해, 우리는 단 하나뿐인 위대한 신이 오늘날 존재한다는 것을 믿지 않는다. 우리가 믿는 것은 원시 시대에 거대한 존재로 비치는 한 인물이 존재했고, 이 인물이 인류의 기억 속에서 신으로 추앙되어 다시 돌아왔다는 사실이다.

우리는 모세-종교가 처음에는 배격되어 거의 잊혀 있다가 훗날 전승으로 다시 출현했다고 가정했다. 이제 이 과정이 그 시대에 다시 한 번 반복되었다고 가정해보자. 모세가 백성들에게 유일신 사상을 가져왔지만 이 사상은 새로운 것이 아니었다. 이것은 인류의 의식적인 기억에서 오래선에 사라진 인류 가족의 태곳적 체험이 되살아났음을 의미했다. 이 체험은 인류의 삶에 근본적이고 심원한 변화를 일으킨 혹은 그 변화의 문을 열어준 중대한 체험이었다. 그렇기 때문에 이것이 인간의 정신에 전승 같은 어떤 지속적인 흔적을 남겼으리라고 우리는 굳게 믿는다.

우리는 개인의 정신분석을 통해 아이가 말을 배우기 전, 유아 초기에 받은 인상들이 의식적으로 기억되진 않지만 강박적 성격을 띠고 언젠가 영향을 발휘한다는 사실을 안다. 그렇다면 모든 인류의 태곳적 체험들도 이와 똑같은 현상을 보일 수 있다고 충분히 가정할 수 있다. 이러한 작용 가운데 하나가 비록 왜곡되었지만 정당한 기억으로 인정돼야 하는 바로 그 위대한 유일신 사상의 출현일 것이다. 이러한 사상은 강박적 성격을 지닌다. 이것은 믿어져야만 한다. 왜곡되었다는 점에선 이 사상을 망상이라고 표현할 수 있고, 과거의 회귀라는 면에서는 진리라고 칭해야 한다. 정신병학적인 망상에도 일말의 진리는 들어있다. 환자의 확신은 이 진리에서 벗어나 망상적인 포장으로 확장된다.

다음은 제1부에서 상술한 내용을 다소 수정해 반복한 내용이다.

1912년 나는 《토템과 터부》에서 이러한 작용이 비롯된 옛 상황을 재구성하고자 했다. 이 과정에서 나는 다윈(Ch. Darwin)을 비롯해 앳킨슨(Atkinson)과 특히 로버트슨 스미스(W. Robertson Smith)의 이론적 사고를 일부 받아들여 이것을 정신분석학에서 발굴한 암시 내용과 한데 묶었다. 다윈으로부터 차용한 부분은, 인류가 태곳적에 소규모의 원시 무리로 살았고 이 각 원시 무리는 남자연장자의 압제를 받았는데, 이 우두머리가 모든 여자를 독점하고 자기 아들과 젊은 남자들을 징벌 혹은 제거했을 것이라는 가설이다. 그리고 이러한 가부장제가 아버지에 맞서 힘을 뭉친 아들들이 마침내 아버지를 제압해 잡아먹은 이른바 아들들의 반란으로 끝났다는 앳킨슨의 견해를 차용해 논지를 이어갔다. 로버트슨 스미스의 토템 이론을 근거로 나는 아버지 중심의 원시 무리 자리에 토템을 숭배하는 형제 집단이 들어섰다고 가정했다. 아버지에게 승리한 형제들은 평화로운 공동의 삶을 영위하기 위해 아버지 살해의 동기가 되었던 여자들을 포기하고 족외혼을 시행하게 되었다. 아버지의 권위는 무너지고 가족은 모권 중심으로 형성되었다. 아버지에 대한 아들들의 양가 감정적 태도는 그 이후 전 발전 단계에 걸쳐 영향력을 발휘했다. 아버지의 자리에는 특정 동물이 토템으로 들어앉았고 이 토템 동물은 조상과 수호신으로 여겨졌기 때문에 해를 입히거나 죽여서는 안 되었다. 그러나 일 년에 한 번 남성 공동체는 향연을 벌였는데 그들은 이 자리에서 평소 숭배하던 토템 동물을 죽여 그 고기를 나누어 먹었다. 어느 누구도 빠질 수 없는 이 토템 향연은 사회 질서, 윤리 법규, 그리고 종교의 기원이 된 아버지 살해를 기념하기 위해 거듭되는 향연인 셈이었다. 로버트슨 스미스의 토템 향연과 기독교 성찬식이 일치하는 문제는 나 이전에도 여러 학자들의 주의를 끌었다.

나는 지금도 이 이론 구성을 견지하고 있다. 최근에 민족학자들이 로버트슨 스미스가 고안한 이론을 만장일치로 배격하고 부분적으론 전혀 다른 이론을 제시했는데도 이 책의 신판에서 내 견해를 수정하지 않았다는 격렬한 비난이 거듭 쏟아졌다. 여기에 나는 소위 이러한 진보는 잘 알고 있다고 대답하겠다. 하지만 이 새로운 이론이 옳고 로버트슨 스미스의 이론이 틀린 것인지 아직도 확신하지 못하고 있다. 하나의 모순이 곧 반증이 되는 것은 아니고, 새로운 이론이 진보를 의미하진 않는다. 무엇보다도 나는 정신분석가이지 민족학자가 아니다. 나는 민족학 문헌에서 내 분석 작업에 필요한 자료를 원용할 권리가 있다. 천재적인 학자 로버트슨 스미스의 연구 논문은 심리적 분석 자료를 언급하고 이용한 나의 작업에 소중한 도움을 주었다. 그리고 로버트슨 스미스의 반대자들과의 일치점을 나는 찾지 못했다.

h) 역사적 발전

여기서 나는 《토템과 터부》의 내용을 상세히 반복하지 않겠다. 하지만 가설에 근거한 원시 시대 그리고 역사 시대에서의 유일신교의 승리 사이의 그 긴 세월의 간격을 살펴보지 않을 수 없다. 형제 집단, 모권제, 족외혼 및 토테미즘이 한데 어우러져 자리를 잡은 뒤, 서서히 "억압된 것의 회귀"라고 표현할 수 있는 발전 과정이 시작되었다. 여기에서의 "억압된 것"이라는 용어는 본래 뜻과는 다르게 사용되고 있다. 이것은 민족의 삶 속에서 과거의 것, 사라진 것, 극복된 것으로, 이것을 우리는 개인의 정신생활에 존재하는 억압된 것과 감히 대등한 자리에 놓고자 한다. 과거의 것이 은폐된 상태에서 어떠한 심리적 형태로 존재했는지는 곧바로 말할 수 없다. 개인심리학의 개념들을 군중심리학에 적용하는 것은 쉬운 일이 아니다. 그리고 "집단"무의식의 개념을 도입한다고 해서 형편이 더 나아지지는 않는다. 무의식의 내용물은 어차피 집단적인 인류의 공유재산이다. 일단 유추를 통해 이 과정을 살펴보도록 하자. 우리가 연구하는 민족의 삶 속에서 일어난 사건들은 정신 병리학에서 알려진 것들과 매우 비슷하긴 하지만 완전히 똑같지는 않다. 이제 그 원시 시대의 심리적 침전물이 유전질[111]이 되었고 그 유전질은 세대를 내려오면서 획득되는 것이 아니라 일깨워지는 것이라고 가정해보자. 여기서 우리는 언어 발달 과정에서 나타나는 "천부 (mitgeborene)"의 상징적 표현의 실례를 생각할 수 있다. 어린아이들은 누가 가르치지 않았는데도 구사하는 이 상징적 표현은 언어가 서로 다른 민족들에게서도 동일하다. 그러나 아직은 확실성이 미진한 만큼 이러한 부분은 정신분석 연구에서 나온 결과의 도움을 받기로 하겠다. 아이들은 여러 중요한 관계에서 직접 체험에 상응하는 반응을 보이지 않고, 동물처럼 계통 발생적인 습득으로밖엔 설명되지 않는 본능적인 반응을 보인다는 것을 우리는 알고 있다.

억압된 것의 회귀는 분명히 자연 발생적으로 일어나지 않고, 인류 문화사를 이루는 생활 조건의 모든 변화의 영향 아래서 서서히 진행한다. 나는 여기서 이 의존 관계의 개요를 보여줄 수도

---

111 형질의 유전 및 발현을 직접 지배하는 물질: 옮긴이

없고, 이러한 회귀의 단계들을 완벽히 열거할 수도 없다. 아버지는 다시 가족의 우두머리가 되지만 예전의 원시 무리에서처럼 절대 권력자가 되지는 못한다. 토템 동물은 변천하는 모습을 뚜렷이 보이면서 신에게 자리를 내어준다. 처음에 신은 사람의 형상에 동물의 머리를 하고 있다. 그러다가 훗날 신은 그가 좋아하는 특정 동물로 변신하는데, 이 동물은 신성한 존재가 되어 신이 총애하는 동반자가 된다. 혹은 신이 이 동물을 죽인 다음 그 이름을 자신의 이름에 덧붙이기도 했다. 그리고 보통 신격화의 앞 단계로서 토템 동물과 신 사이에 영웅이 출현한다. 최고 존재자 신의 사상은 오래전부터 나타난 듯 보인다. 이 신은 처음에는 인간의 일상적 관심사엔 참견하지 않는 그림자와 같은 존재에 불과하다. 종족과 민족이 모여 더 큰 규모의 통일 공동체를 형성했을 때, 신들도 가족을 형성하고 위계를 갖추게 된다. 보통 이들 중 하나가 신들과 인간 위에 군림하는 최고의 신으로 추앙된다. 그 후 한 신을 숭배하는 경향이 서서히 짙어지다가 마침내 이 신 하나에만 모든 권능이 주어지고 그 곁엔 다른 신들이 허용되지 않았다. 이때부터 원시 무리의 아버지가 지녔던 숭고함이 회복되고, 이와 관련한 격정적 감정의 반복도 이루어지게 되었다.

그토록 오랫동안 그리워하고 고대해오던 아버지와의 만남이 불러일으킨 첫 반향은 전승이 시나이 산에서의 율법 전수 장면에서 묘사하듯 대단히 강렬했다. 찬탄과 경외 그리고 은혜를 입은 자로서의 감사 — 이같이 모세-종교는 아버지 하느님을 향해 긍정적인 감정밖에 알지 못했다. 그러나 원시 무리의 아버지 앞에서 무력하고 주눅 든 아들의 경우에는 꼭 그랬을 것 같지는 않다. 아버지의 불가항력적인 권능을 확신하고 아버지의 뜻에 복종했었을 것 같진 않다는 것이다. 이러한 것들은 원시적이고 유아적인 환경이 조성된 상황에서야 비로소 완전히 납득이 간다. 어린아이의 감정적 충동은 성인과 달리 그 정도가 매우 강렬하고 마르지 않는 심연처럼 깊으므로 오로지 종교적인 황홀감에 의해서만 다시 분출될 수 있다. 그러므로 위대한 아버지의 회귀에 대한 첫 반응은 신에 귀의하는 이러한 도취적 환희였다.

이것으로 이 아버지 종교의 향방은 영원히 결정되었다. 그러나 이 종교의 발전이 완결된 것은 아니었다. 아버지와의 관계에서 본질적인 부분은 양가 감정이다. 점차 시간이 흐르면서 아들들로 하여금 찬탄과 두려움의 대상이었던 아버지를 살해하도록 다그쳤던 해묵은 적의가 다시 싹트지 않을 수 없다. 그러나 모세 —종교의 테두리 안에서 아버지에 대한 살인적인 증오가 직접 표현될 수 있는 공간은 없었다. 이 증오에 대한 반응은 강렬히 발현될 수밖에 없었다. 이것은 이러한 적의 탓에 발단된 죄의식, 다시 말해 하느님에게 죄를 지었고 죄짓기를 멈출 수 없는 것에 대한 양심의 가책이다. 선지자들이 끊임없이 일깨워준 이 죄의식은 곧 종교 체제의 주요 내용물이 되었고, 이 죄의식은 또 하나의 표면적인 동기를 유발해 죄의식의 실제 근원을 교묘히 위장했다. 백성들의 삶은 고달팠고 하느님의 은혜를 믿고 바라는 그들의 소망은 이뤄지지 않았다. 하느님으로부터 선택된 백성이라는 간절한 환상을 견지하기가 그들로선 쉬운 일이 아니었다. 이

행운을 포기하지 않으려면, 죄를 범한 데서 온 죄책감이 하느님의 책임을 면제하기에 바람직한 요인이었다. 하느님의 율법을 지키지 않았기에 하느님으로부터 벌을 받을 수밖에 없는 것이다. 깊은 근원에서 유래하는, 채워지지 않는 죄책감을 해소하려는 욕구로 인해 율법은 점점 엄격하고 치밀하고 편협해져야 했다. 도덕적 금욕에 새롭게 도취한 그들은 늘 새로이 욕동 포기라는 짐을 짊어졌다. 그리하여 적어도 교리와 계율에선 고대의 다른 민족들은 접근도 할 수 없는 고도의 윤리적 기준에 도달했다. 유대인들 다수는 이러한 상승 발전을 그들 종교의 두 번째 주요 특징으로 그리고 두 번째 위대한 업적으로 본다. 이러한 윤리적 기준이 유일신 사상과 어떤 연관이 있는지는 상술한 내용에서 유추해낼 수 있다. 그러나 이 윤리는 하느님에 대한 억압된 적의에서 생긴 죄의식의 근원을 외면할 수가 없다. 이것은 강박 신경증적 반응 형성의 완결되지 않은, 완결될 수 없는 특징을 보이고, 또한 처벌이라는 은밀한 의도를 위해서도 사용된다.

이후의 발전은 유대교를 벗어나서 진행되었다. 원시 아버지의 비극적 사건에서 회귀한 사건의 잔재물과 모세-종교는 어떤 식으로든 결합될 수가 없었다. 이 시대의 죄의식은 이미 유대 민족에게만 국한된 것이 아니었다. 이 죄의식은 근원을 알 수 없는 음울한 불쾌감과 불길한 예감으로 지중해 연안의 민족들을 엄습했다. 오늘날의 역사 기록은 이것을 두고 고대 문화의 노화라고 말한다. 그러나 이것은 민족 간의 불협화음을 불러온 일시적이고 보조적인 원인만을 고려한 평가라고 추측된다. 이 침울한 상황의 해명은 유대교로부터 나왔다. 이 문제에 대한 접근과 대책이 여기저기서 강구되고 있을 즈음, 이와는 상관없이 명민한 정신으로 문제의 본질을 꿰뚫은 타르수스의 사울이라는 유대 사람이 있었다. 그는 로마 시민으로선 바울(Paulus)이라고 불렸다. "우리가 이렇게 불행한 것은 아버지 하느님을 죽였기 때문이다." 이 진리의 단편을 바울이 망상적 표현이 담긴 복음 내용으로밖에 파악할 수 없었다는 것은 충분히 이해가 간다. "우리 가운데 한 분이 우리 죄를 사하여 주시려고 자신의 생명을 바치셨기 때문에 우리는 모든 죄에서 구원을 받게 되었다." 물론 이 글귀에는 하느님 살해가 언급되어 있지 않다. 하지만 희생적인 죽음을 통해 속죄되어야만 하는 범죄는 살인죄밖에 없다. 망상과 역사적 사실 사이의 중재를 위해서는 희생자가 하느님의 아들이어야 했다. 역사적 사실의 원천에서 흘러나온 힘으로 이 새로운 믿음은 모든 장애를 물리쳤다. 이제 지복의 선민사상 대신 해방의 구원이 들어섰다. 그러나 아버지 살해 사실은 인류의 기억으로 돌아오면서부터 유일신교 내용에 영향을 미쳤던 저항보다 더욱 강력한 저항을 극복해내야만 했다. 이에 따른 왜곡 역시 더욱 심하게 이루어질 수밖에 없었다. 언급할 수 없는 범죄를 대신해 희미한 원죄가 수용된 것이다.

원죄와 희생적인 죽음을 통한 구속은 바울이 세운 새로운 종교의 버팀목이 되었다. 원시 아버지에 반기를 든 형제 집단 인에 실제로 살해 행위를 주모하고 선동했던 자가 존재했었는지, 아니면 자신을 영웅으로 만들기 위해 훗날 창작해낸 작가의 환상적 형상이 전승에 삽입된 것인지는 미결로 남는다. 기독교 교리는 유대교의 틀을 부숴버린 뒤에 다른 근원들로부터 여러 구성요소들을 받아들였다. 이것은 순수한 유일신교의 여러 가지 특징을 버렸고, 여러 개별적인 부분들에서 지중해 연안에 있는 여타 민족들의 종교의식에 의존했다. 마치 이집트가 이크나톤의 계승자들에게 다시 한 번 복수하는 양상 같기도 했다. 주목할 만한 것은 새로운 종교가 아버지와의 관계에서 나타나는 해묵은 양가 감정을 어떤 식으로 다루었는지에 대한 부분이다. 새로운 종교의 핵심은 아버지 하느님과 화해하고 하느님에게 저질렀던 범죄에 대해 속죄하는 데에 있다. 그러나 세상의 모든 죄를 짊어지고 하느님에게 속죄한 아들이 아버지 옆에서, 실제론 아버지의 자리에 앉아 스스로 신이 되는 과정은 이 감정 관계의 다른 면을 보여주고 있다. 아버지 종교에서 나온 기독교가 아들 종교가 된 셈이다. 결국 아버지를 제거해야 했던 비운에서는 벗어나지 못한 것이다.

유대 민족의 일부만이 이 새로운 종교를 받아들였다. 이것을 거부한 사람들은 오늘날까지 유대인으로 불린다. 이 분열에 의해 유대인들은 예전보다 더욱 철저히 다른 민족에게서 격리되어 있다. 이들은 유대인을 제외한 이집트인, 그리스인, 시리아인, 로마인, 그리고 게르만인까지도 받아들인 새로운 종교 공동체로부터 하느님을 살해했다는 비난을 들어야 했다. 이 비난을 그대로 옮기면 이런 내용이다. "우리는 죄를 인정하고 죄에서 벗어나 깨끗해졌지만, 저들은 하느님을 살해했다는 사실을 인정하지 않으려 한다." 이 비난의 뒷면에 얼마만큼의 진실이 담겨있는지는 쉽게 파악할 수 있다. 온갖 왜곡 속에서도 하느님 살해에 대한 고백에 함유된 진보에 합류하는 것이 유대인들에게 불가능했던 이유는 특별한 연구 대상이 될 것이다. 이러한 사실로 인해 이들은 말하자면 비극적인 죄의 짐을 짊어지게 되었고 또 그 죗값을 혹독히 치르게 된 셈이다.

이 연구를 통해 유대 민족이 그들 고유의 특성들을 어떻게 갖게 되었느냐는 문제가 다소 선명해졌을지 모른다. 한편 이 특성이 민족의 개성으로 오늘날까지 유지되어온 이유를 해명하기엔 여전히 미흡한 점이 많다. 그러나 이 같은 수수께끼에 대해선 충분한 대답을 요구할 수도, 기대할 수도 없는 법이다. 이 논문의 첫머리에서 언급한 바 있는 제한적 평가가 내가 기여할 수 있는 전부이다.